Die Ethik des Albert Sch

Europäische Hochschulschriften
Publications Universitaires Européennes
European University Studies

**Reihe XX
Philosophie**

Série XX   Series XX
Philosophie
Philosophy

Bd./Vol. 559

PETER LANG
Frankfurt am Main · Berlin · Bern · New York · Paris · Wien

Thomas Honsak

Die Ethik des Albert Schweitzer

Eine Diskussion
seines ethischen Konzepts

PETER LANG
Europäischer Verlag der Wissenschaften

Die Deutsche Bibliothek - CIP-Einheitsaufnahme

Honsak, Thomas:
Die Ethik des Albert Schweitzer : eine Diskussion seines ethischen Konzepts / Thomas Honsak. - Frankfurt am Main ; Berlin ; Bern ; New York ; Paris ; Wien : Lang, 1998
  (Europäische Hochschulschriften : Reihe 20, Philosophie ; Bd. 559)
ISBN 3-631-33199-1

Gefördert vom
Dissertationsfonds Wien

ISSN 0721-3417
ISBN 3-631-33199-1
© Peter Lang GmbH
Europäischer Verlag der Wissenschaften
Frankfurt am Main 1998
Alle Rechte vorbehalten.

Das Werk einschließlich aller seiner Teile ist urheberrechtlich geschützt. Jede Verwertung außerhalb der engen Grenzen des Urheberrechtsgesetzes ist ohne Zustimmung des Verlages unzulässig und strafbar. Das gilt insbesondere für Vervielfältigungen, Übersetzungen, Mikroverfilmungen und die Einspeicherung und Verarbeitung in elektronischen Systemen.

Printed in Germany 1 2 3 4 5 7

"Den Kampf gegen das Böse, das in dem Menschen ist, haben wir nicht mit Richten anderer, sondern nur in dem Richten unserer selbst zu führen. Kämpfen mit uns selbst und Wahrhaftigkeit gegen uns selbst sind die Mittel, mit denen wir auf andere einwirken."

"Nur wer Ehrfurcht vor dem geistigen Wesen anderer hat, kann andern wirklich etwas sein. Darum meine ich, daß sich auch keiner zwingen soll, mehr von seinem inneren Leben preiszugeben, als ihm natürlich ist. Wir können nicht mehr, als die anderen unser geistiges Wesen ahnen zu lassen und das ihrige zu ahnen. Das Einzige, worauf es ankommt, ist, daß wir darum ringen, daß Licht in uns sei. Das Ringen fühlt einer dem anderen an, und wo Licht im Menschen ist, scheint es aus ihnen heraus. Dann kennen wir uns, im Dunkel nebeneinander hergehend, ohne daß einer das Gesicht des anderen abzutasten und in sein Herz hineinzulangen braucht."

Albert Schweitzer

INHALTSVERZEICHNIS

EINLEITUNG	9
1. KAPITEL: VORAUSSETZUNGEN	11
1.1 Biographische Daten	11
1.2 Die näheren Umstände	12
1.3 Das Vorhaben Albert Schweitzers	16
2. KAPITEL: DER ETHISCHE ANSATZ	18
2.1 Systematische Darstellung der Ethik Schweitzers	19
2.1.1 Welt- und Lebensbejahung	19
2.1.2 Ehrfurcht vor dem Leben	27
2.1.3 Die wahre Resignation	33
2.1.4 Mystik	37
2.1.5 Vollständige Ethik	43
2.2 Der Aspekt der Dynamik	48
2.3 Normative Ethik	52
3. KAPITEL: BEGRIFFSERLÄUTERUNGEN	56
3.1 Denknotwendigkeit	56
3.2 Elementares Denken	61
3.3 Ergänzung zur wahren Resignation	63
3.4 Hingebung; Selbstvervollkommnung	63
3.5 Selbstvervollkommnung	69
3.6 Ergänzung zur Mystik	73
3.7 Lebensverneinung	76

3.8 Grundprinzip des Sittlichen — 77

3.9 Schuld — 78

3.10 Gesellschaftsethik und Humanität — 83

3.11 Optimismus, Pessimismus — 86

4. KAPITEL: WEITERE ERLÄUTERUNGEN — 88

4.1 Gesinnung — 88

4.2 Natur; Verantwortung — 90

4.3 Freiheit — 96

4.4 Wertigkeit — 99

4.5 Dualismus, Monismus — 101

4.6 Schweitzers Stellung zwischen Philosophie und Theologie — 103

4.7 Warum ethisch werden? — 110

5. KAPITEL: ZUSAMMENFASSUNG — 113

ANHANG: DIE KRITIK AN DER ETHIK SCHWEITZERS IN DER WISSEN-SCHAFTLICHEN DISKUSSION — 114

a) Schuld — 115

b) Wertigkeit — 116

c) Mystik — 118

d) Überforderung — 119

e) Unzulänglichkeit — 121

LITERATURVERZEICHNIS — 126

Einleitung

Diese Arbeit versteht sich als deskriptiv-analytische Diskussion des ethischen Ansatzes von Albert Schweitzer.

Um die Auffindung verschiedener Passagen aus den Werken Albert Schweitzers zu erleichtern, werden Zitate durchwegs der jeweiligen Textstelle der deutschen Gesamtausgabe zugeordnet. (Albert Schweitzer: Gesammelte Werke in fünf Bänden; Herausgeber: Rudolf Grabs; München 1974)

Die Arbeit gliedert sich in fünf Kapitel.

Das erste beinhaltet diverse einführende Informationen sowie Voraussetzungen, unter der die Ethik Schweitzers verfaßt worden ist. Die Kenntnis dieser Voraussetzungen ist zum klaren Verständnis erforderlich.

Im zweiten Kapitel wird der ethische Ansatz Albert Schweitzers in seiner Systematik dargelegt.
Da ich im übrigen der Ansicht bin, daß Kenntnisse, die den Inhalt einiger zu gewissem Ruhm gereifter Merksätze nur in geringem Maße zu überschreiten vermögen, nicht ausreichen können, um die Bedeutung Schweitzers Ethik in ihrer Vollständigkeit zu erfassen, wird diese Darstellung einen bedeutenden Bestandteil dieser Arbeit bilden.
An den Stellen der Verweise auf diverse erläuternde Abschnitte des dritten Kapitels soll es dem Gutdünken des Lesers anheimgestellt sein, ob er sofort oder erst nach vollständiger Lektüre des zweiten Kapitels Kenntnis von den Erläuterungen nehmen will.

Um den Fortlauf der Entwicklung des Ansatzes Schweitzers in verständlicher und nachvollziehbarer Weise darzustellen, wird zum Zwecke einer verbesserten Übersichtlichkeit zu diversen zu erörternden Begriffen erst im dritten Kapitel Stellung genommen.
Die Ordnung des dritten Kapitels bezieht sich in chronologischer Reihenfolge auf die Verweise des zweiten Kapitels. Hier werden übrigens ausschließlich Begriffe abgehandelt, auf die im zweiten

Kapitel bereits verwiesen wurde.
Das vierte Kapitel enthält weitere Begriffserläuterungen. Außerdem wird in diesem Kapitel auf spezielle Probleme der Ethik Schweitzers eingegangen und es werden so manche andere Verhältnisse zu klären versucht.

Das fünfte Kapitel liefert eine kurze Zusammenfassung der Schlußfolgerungen dieser Arbeit.

1. Kapitel: Voraussetzungen

1.1 Biographische Daten

Albert Schweitzer wurde am 14. Jänner 1875 im Ort Kayersbach im Oberelsaß als zweiter Sohn eines protestantischen Pfarrverwesers geboren.
Seine Jugendjahre verlebte er in Günsbach, dessen Kirche sowohl den protestantischen als auch den katholischen Zwecken diente.
Von 1885 bis 1893 besuchte er die Realschule in Münster. Dann inskribierte er an der Straßburger Universität Philosophie und Theologie. 1899 promovierte er zum Doktor der Philosophie, 1900 promovierte er in der Theologie. Im Jahre 1902 habilitierte er sich an der theologischen Fakultät.
Bereits mit 21 Jahren beschloß er, sich bis zum 30. Lebensjahr der Wissenschaft und den Künsten zu widmen, und sich dann einem "unmittelbaren menschlichen Dienen" zu verschreiben.
Ab 1898 lernte er zur Perfektionierung seines Orgelspieles bei Widor, dem Organisten von St. Sulpice.

Bis 1905 folgten diverse Veröffentlichungen, angefangen von seiner philosophischen Dissertation über die Religionsphilosophie Kants 1899, über seine theologische Dissertation über das Abendmahlproblem 1901, über das Messianitäts- und Leidensgeheimnis ebenfalls im Jahre 1901, bis zu seinem Buch über Johann Sebastian Bach 1905.
Im Jahre 1905 inskribierte er an der medizinischen Fakultät. Er promovierte zum Doktor der Medizin im Jahr 1913.
In den Jahren von 1901 bis 1913 arbeitete er als Direktor des Thomasstiftes in Straßburg, als Privatdozent an der theologischen Fakultät und als Lehrvikar an der Kirche zu St. Nicolai.
1912 heiratete er Helene Breßlau, die ihm 1919 eine Tochter gebar.
1913 gab er seine verschiedenen Stellungen auf und fuhr nach Lambarene, um auf dem Boden der Pariser evangelischen Missionsstation ein Tropenspital zu errichten.

Seine Tätigkeit als Arzt in Afrika erstreckte sich bis zu seinem Tode im Jahre 1965 und wurde durch eine Internierung während des Ersten Weltkrieges und durch zahlreiche Reisen nach Europa zum Zwecke von Vorträgen und Orgelkonzerten unterbrochen. Spenden sowie die Einnahmen aus seinen Veröffentlichungen, Vorträgen und Orgelkonzerten verdankte er die Finanzierung des Spitalbetriebes.

Weitere Veröffentlichungen waren unter anderen folgende: "Zwischen Wasser und Urwald" 1921, "Kulturphilosophie" sowie "Kultur und Ethik" 1923, "Das Christentum und die Weltreligionen" sowie "Aus meiner Kindheit und Jugendzeit" 1924, "Die Mystik des Apostels Paulus" 1930, "Aus meinem Leben und Denken" 1931, "Die Weltanschauung der indischen Denker" 1935.

Nach dem Zweiten Weltkrieg engagierte Schweitzer sich für den Frieden, er publizierte mehrere kleine Abhandlungen zu diesem Thema. 1954 wurde ihm rückwirkend für das Jahr 1952 der Friedensnobelpreis verliehen. Der Geldpreis ermöglichte die Errichtung eines Lepradorfes.

Er verstarb am 4. September 1965 nach kurzer Unpäßlichkeit in Lambarene.

1.2 Die näheren Umstände

Philosophie beginnt bei Albert Schweitzer im Staunen. Darin gleicht er Aristoteles, der auch das Staunen als den Ausgangspunkt jeglicher Philosophie betrachtete. Bei Aristoteles setzt dieses Staunen plötzlich bei vertrauten Dingen und Zusammenhängen an. Der Weg des Erkennens, für Aristoteles die Flucht vor dem Nichtwissen und der Trieb nach dem Wissen, beginnt also an dem Punkt, wo die alltägliche Tätigkeit fragwürdig wird, und verläuft in Folge vom Staunen über die Gestirne bis hin zum Weltall, bis keine Steigerung des Wissens mehr möglich ist.

Bei Albert Schweitzer hingegen stellt das Staunen in gewisser Hinsicht sowohl Anfang als auch Endpunkt der Philosophie dar. Die letzte Erkenntnis bedeutet für ihn die Einsicht der Erkenntnisunmöglichkeit des Wesens der Welt.

So sagte er auch: "Alles Wissen ist zuletzt Wissen vom Leben und alles Erkennen Staunen über das Rätsel des Lebens- Ehrfurcht vor dem Leben in seinen unendlichen, immer neuen Gestaltungen!" (GW5, S 123)

Wahres Wissen kann für Albert Schweitzer also nicht von Bildung abhängig sein. Wahres Wissen muß sich auf das Leben beziehen.

In der Vorrede zu "Kultur und Ethik" steht: "Die letzte Einsicht des Erkennens ist also, daß die Welt uns eine in jeder Hinsicht rätselhafte Erscheinung des universellen Willens zum Leben ist." (GW2, S 105)

Diese beiden Zitate, wobei das zweite an die Willensphilosophie Schopenhauers zu erinnern vermag, dürften bereits einen Eindruck von Schweitzers tendenziell wohl als agnostisch, im Sinn der Unmöglichkeit, Einsicht in die letzten Gründe des Seins, das Absolute, nehmen zu können, zu bezeichnender Haltung vermitteln. Schweitzer verliert auch in seinen philosophischen Schriften über einen möglichen Welturgrund oder über Gott, den er als das "unbegreiflich Unendliche und Lebendige" bezeichnet (GW5, S 122), nur wenige Worte, wiewohl eindeutig ersichtlich ist, daß zumindest er persönlich nicht den geringsten Zweifel an der "Existenz" eines solchen in sich trägt.

Schweitzer verwehrt sich also, zumindest in seinen philosophischen Schriften, gegen jegliche Art der "Metaphysik", die er als Aufstellung "abschließender Ansichten über das geistige Wesen der Welt" (GW2, S 100) erachtet, da eben, aufgrund der völligen Rätselhaftigkeit der Natur, alle Aussagen über das geistige Wesen der Welt rein spekulativ sein müßten, und damit auch nicht elementar sein könnten.

(An dieser Stelle muß auf den Abschnitt "Elementares Denken" im 3. Kapitel verwiesen werden, wo dieser Begriff gesonderte Beachtung findet.) Antworten, so meint Schweitzer, könne man sich von der spekulativen Philosophie nicht erwarten, sondern höchstens von der uns erscheinenden Wirklichkeit.

Als Erscheinung bezeichnet Schweitzer im übrigen die den Menschen aufgrund und vermittels ihrer wahrnehmenden Organe erscheinende Umwelt. Nur diese bezeichnet er als für den Menschen zugängliche Wirklichkeit, obgleich er sehr wohl die Erscheinungen von den "den Erscheinungen zugrunde liegenden Kräften" differenziert (vgl. GW2, S 355). Freilich geht er in seinen philosophischen Werken auf die Beschaffenheit der Kräfte hinter den Erscheinungen in keiner Weise ein.

Allerdings wird man im Werk Schweitzers jenseits seiner "philosophischen Schriften" des öfteren solch spekulativen Andeutungen über das geistige Wesen der Welt begegnen, wohl deshalb, weil er sich in biographischen Texten der Beweislast enthoben fühlte.
Damit zeigt sich eine gewisse Konsequenz in den Arbeiten des Albert Schweitzer. Dort, wo er sich zur logisch stringenten Beweisführung verpflichtet fühlt, schweigt er sich über das geistige Wesen der Welt beharrlich aus, weil eben diese Aussagen niemals verbindlich sein können.
In Schriften aber, die im großen und ganzen wohl als autobiographisch zu bezeichnen sind, darf er seine Ansichten darlegen, obgleich man auch hier eine deutliche Zurückhaltung zu spüren glaubt. Nur ganz selten finden sich "metaphysische" Aussagen, wenige Zeilen bloß auf jeweils hundert Seiten verstreut und dann noch mit dem Text derart gekonnt verwoben, sodaß diese Brüche durchwegs unauffällige sind.

Alle Werke Schweitzers aber sind von seiner Persönlichkeit und damit auch durch die immanent vorhandene ethische Färbung seiner Empfindungen geprägt.
Angesichts dieses Umstandes kann auch sein ethisches Konzept nicht abgetrennt von seiner Person betrachtet werden.

Aufgrund der soeben erörterten Thematiken ist die bislang unausgesprochene Frage, ob man sich in der Darstellung des ethischen Ansatzes des Albert Schweitzer tatsächlich bloß auf sein Werk "Kultur und Ethik" beschränken könne, im Grunde genommen bereits verneint. Es wäre wohl nicht übertrieben, wenn man sagte, daß sich die Ethik des Albert Schweitzer auf sein gesamtes schöpferisches Werk ausdehnt, sei es jetzt in geistiger Hinsicht als Philosoph und Theologe, oder in körperlicher Hinsicht bezüglich seiner Tätigkeit als Arzt in Lambarene.

Damit sei klargestellt, daß, obwohl nicht der Mensch Albert Schweitzer, sondern allein dessen ethischer Ansatz im Mittelpunkt dieser Arbeit steht, zwecks der Vollständigkeit derselben auf viele persönliche Aspekte des Verfassers dieser Ethik eingegangen werden muß.

Dennoch müssen in vorliegender Untersuchung, der Verständlichkeit und Übersichtlichkeit zuliebe, Abstriche gemacht werden. So werden seine Werke über die Leben-Jesu-Forschung, über das Paulus-Evangelium, über Bach sowie über die Weltanschauung der indischen Denker hier nicht berücksichtigt. Außerdem verhält es sich durchaus so, daß Schweitzers Ethik der Ehrfurcht vor dem Leben in ihrer systematischen Vollständigkeit lediglich in "Kultur und Ethik" zu finden ist, obgleich dieser Vollständigkeit bei einer Darstellung seines Ansatzes, der sich, genau genommen auf lediglich 80 Seiten beschränkt, allein schon aus diesem Grund notwendige Grenzen gesetzt sind.
Die gedanklichen und emotionellen Hintergründe des Albert Schweitzer und viele der Vervollständigung seines ethischen Konzeptes dienlichen Hinweise finden sich verstreut in seinen anderen Werken.

Auch würde es den Rahmen dieser Arbeit sprengen, die Entstehung seines ethischen Konzeptes angesichts seines Studiums der Geschichte der Ethik näher zu beleuchten, obwohl es sicherlich notwendig ist zu erwähnen, daß gerade diese Art der Bearbeitung seiner Ethik höchst aufschlußreich sein dürfte, und zwar nicht nur auf Grund der von ihm angewandten aristotelischen Methodik, welche darin besteht, daß zuerst alle bedeutenden, älteren Lösungsversuche eines Themas analysiert und in Folge bestätigt, modifiziert oder verworfen werden, und sich in Anschluß daran erst der eigentliche Ansatz ergibt.

Schweitzers wissenschaftliche Werke wurden auf diesem methodischen Weg verfaßt, womit erstens ersichtlich wäre, daß seine Ethik nicht abgetrennt von der Geschichte der Ethik an sich zu sehen ist, und zweitens, daß der Anfangspunkt der Philosophie bei Schweitzer nicht die einzige Querverbindung zu Aristoteles darstellt.

Anzumerken wäre allerdings, daß Albert Schweitzer Vorsätze einer Fortsetzung und Erweiterung seiner Ethik in sich trug, insbesonders hinsichtlich des "Kulturstaates", diese jedoch niemals zur (veröffentlichungsreifen) Realisierung kamen. Doch sollten viele der Aussagen in seinen anderen Werken dazu beitragen, das Bild weitgehendst zu komplettieren.

1.3 Das Vorhaben Albert Schweitzers

Im Grunde genommen begab sich Schweitzer auf die Suche nach einer Möglichkeit, die oberflächlich optimistisch und brüchig gewordene Weltanschauung des Abendlandes zu erneuern.
Für Albert Schweitzer bezieht sich der Terminus "Weltanschauung" auf die Fragen über die Stellung des Menschen in der Welt.
Bei seiner Suche wurde ihm bewußt, daß viele als wertvoll erkannte Wahrheiten nur noch als inhaltslose Hüllen im Verstand der Leute saßen. Wieso aber konnten diese Wahrheiten im Laufe der Zeit an ethischem Gehalt verlieren?

Alsbald erkannte er die Notwendigkeit, die Gesinnung jedes einzelnen zu ändern, um zu einer neuen, motivierenden Weltanschauung zu gelangen. Er war der Meinung, daß kritisches Denken ein in sich geschlossenes Weltanschauungssystem nicht anerkennen kann, da keine explizit formulierte Antwort auf Fragen, die das Verhältnis des Menschen zur Welt betreffen, jemals auf Dauer dem menschlichen Denken genügen wird.

Die Spannung zwischen Natur und der Möglichkeit zur geistigen Erhebung über die Natur muß bestehen bleiben. Die Ethik als Gesinnung ist für ihn irrational, alles Denken das sich mit dem Verhältnis des Menschen zur Welt beschäftigt endet am Schluß im Bereich der Mystik, so auch die Weltanschauung. Und gerade das ist die Kraft der Weltanschauung. Weil sie eben nicht fertig ist, weil sie eben nicht in sich geschlossen ist und weil sie einer ständigen Überdenkung ausgesetzt sein muß (das hängt von den jeweiligen äußeren Umständen ab), erhält sie sich frisch. Sie verliert durch diese Dynamik nichts an Gehalt, sie erstarrt nicht zu einer bloßen Floskel. Wenn Schweitzer sagt, er konnte bloß den Chorraum des Domes einer Weltanschauung liefern, so geht er davon aus, daß dieser Dom nie fertiggebaut werden kann. (vgl. GW2, S 339, S 382)

Initiiert wurde seine Arbeit durch seine eigenen Beobachtungen des Verfalls der Kultur zu seiner Zeit. Zu wirken vermag der Mensch nur auf die uns erscheinende Welt. Der unmittelbare Zweck ethischen Wirkens liegt für Schweitzer also in der Verbesserung der durchaus physischen Lebensbedingungen der Menschen.

2. Kapitel: Der ethische Ansatz

Albert Schweitzer liefert in seinem Buch "Kulturphilosophie" eine Darstellung des Prozesses, welcher den Menschen bis hin zur Entfaltung einer ethischen Persönlichkeit führt.
In Anwendung der aristotelischen Methode analysiert Schweitzer zudem die Irrwege, die in der Geschichte der Ethik beschritten wurden, zum Zwecke der erleichterten Vermeidung derselben.

Was ist überhaupt Ethik?

"Das, was wir nach einem dem Griechischen entlehnten Wort Ethik und nach einem dem Lateinischen entnommenen Moral nennen, besteht ganz allgemein im rechten menschlichen Verhalten." (GW5, S 143)

Es sei vermerkt, daß Schweitzer den Begriff Ethik in mehrfacher Weise mißverständlich anwendet. Zum einen wird in diesen Tagen der Begriff "Ethik" im europäischen Sprachraum üblicherweise als Sittenlehre verstanden. Als Lehre von der Tugend reflektiert sie über dieselbe, es kann ihr kein normativer Charakter zugesprochen werden.
Im allgemeinen wird hingegen eine der Sittenlehre gemäße Handlung als "moralisch" bezeichnet.
Schweitzer aber gebraucht in den allermeisten Fällen überhaupt bloß das Wort "Ethik". Nur selten aber bezieht er sich dabei auf die Sittenlehre, meistens auf die Moral im allgemeinen Sprachgebrauch. An manchen Stellen freilich steht "Ethik" bei ihm offensichtlich synonym für "wahres ethisches Verhalten". Dieser Begriff tritt bei Schweitzer selbst wieder in zweifacher Bedeutung auf, einerseits als Idealtypus, den es anzustreben gilt, der aber niemals erreicht werden kann, und andererseits als in seinem Sinne mögliches wahrhaftes und gewissenhaftes Bestreben, sich dem ethischen Ideal anzunähern.
Schweitzers inkonsequenter Gebrauch des Wortes "Ethik" vermag in der Praxis jedoch bei weitem weniger Verwirrung zu stiften, als es nunmehr den Anschein erwecken muß.
Worin das rechte menschliche Verhalten besteht, aus welchem

Grunde sich der Mensch rechtens verhalten sollte und was ihn dazu bewegen könnte, versucht Schweitzer zu erläutern.

2.1 Systematische Darstellung der Ethik Schweitzers

2.1.1 Welt- und Lebensbejahung

Unser Leben beginnt in unbefangener Welt- und Lebensbejahung. Ohne sich Rechenschaft zu geben, aus welchem Grunde, bejaht der Mensch anfangs sein eigenes Leben.
Wenn der Mensch später, im allgemeinsten Sinne, zu denken beginnt, dann sieht er sich genötigt, seinem Leben einen Sinn zu geben.
Doch in diesem Stadium der menschlichen Entwicklung lockt das Leben mit tausend Erwartungen und erfüllt kaum eine.

"Nur vorgestellte Lust ist wirklich Lust; in der erfüllten regt sich immer schon die Unlust. Unruhe, Enttäuschung und Schmerz sind unser Los in der kurzen Spanne Zeit, die zwischen unserem Entstehen und Vergehen liegt. Das Geistige ist in einer grausamen Abhängigkeit von dem Körperlichen. Sinnlosen Ereignissen ist unsere Existenz ausgeliefert und kann von ihnen in jedem Augenblick vernichtet werden." (GW2, S 342)

Mit solchen Worten begründet Schweitzer seine These, daß alle Erkenntnisse, auf die der Wille zum Leben bezüglich einer objektiven Sinnhaftigkeit der Welt gestoßen wird, durchaus pessimistisch sind.

An dieser Stelle dürfte es notwendig sein, auf die auffallende Nähe dieser Aussage zu Schopenhauers Philosophie hinzuweisen, ja es scheint sogar, als kopierte Schweitzer von Schopenhauer. Aber

Schweitzer distanziert sich von Schopenhauer in der Annahme, daß der Mensch lezten Endes eben doch die Möglichkeit besitzt, das Geistige aus der Abhängigkeit von dem Körperlichen zu befreien. Bei Schopenhauer stellen Geist und Körper eine untrennbare Einheit dar, wodurch die Abhängigkeit des Geistigen vom Körperlichen bei ihm niemals durchbrochen werden kann, abgesehen freilich durch die objektive Schau des Philosophen, deren Möglichkeit er selbst aber nicht näher erläutert.

Außerdem scheint oben angeführtes Zitat in Widerspruch zu Schweitzers eigener Philosophie zu stehen, da er häufig den Aspekt der Mitfreude anführt, der mit einem konsequenten Pessimismus des Erkennens nicht vereinbar sein dürfte, außer ab dem Erlangen der "wahren Resignation", wie noch später ersichtlich wird. Da Schweitzer nun unter bestimmten Voraussetzungen die Möglichkeit des Menschen erkennt, in tiefer Welt- und Lebensbejahung zu einer wahrhaft optimistischen Weltanschauung zu gelangen, müssen Optimismus an sich, sowie der Aspekt der Freude dem Enthusiasmus des Wollens entspringen, weil der konsequente Pessimismus des Erkennens andernfalls mit wahrhaft optimistischer Weltanschauung nicht zu vereinbaren wäre. Auf diesen Aspekt wird in dieser Arbeit allerdings noch an späterer Stelle (siehe Abschnitte "Die wahre Resignation" und "Optimismus; Pessimismus") eingegangen, er möge zu diesem Zeitpunkt nicht Anlaß für Unverständnis sein.

Wenn aber unser Erkennen zunächst durchwegs ein negatives ist-

"Wer will uns da wehren, von der uns verliehenen Freiheit Gebrauch zu machen und das Dasein von uns zu werfen?" (GW2, S 343)

Und diese Frage wird sich jeder denkende Mensch im Laufe seines Lebens stellen.
Weshalb also setzen bloß die wenigsten unter uns dem eigenen Dasein ein Ende? -
Aus einem instinktiven Widerwillen gegen diese Tat, den die pessimistische Erkenntnis von der Welt zumeist nicht aufzuwiegen vermag.

Schweitzer sagt: "Der Wille zum Leben ist stärker als die pessimistische Erkenntnis. Instinktive Ehrfurcht vor dem Leben ist in uns, denn wir sind Wille zum Leben." (GW2, S 343)

Schweitzer stellt also im instinktiven Bereich den Optimismus des Wollens über den Pessimismus des Erkennens.
Weltanschauung im Sinne Schweitzers bedeutet den Sinn, den die Menschen dem Weltgeschehen zuschreiben, während Lebensanschauung den Sinn darstellt, den die Menschen in ihrem eigenen Dasein erblicken.
Der "Optimismus des Wollens" ist der Inhalt des Willens zum Leben, des ursprünglichen, naturhaften Dranges jedes Lebewesens zu überleben.
Solange also der Drang zu überleben stärker ist als die pessimistischen Erfahrungen von dieser Welt, wird der Mensch sich nicht umbringen.
Im Übrigen scheint Schweitzer zu erkennen zu geben, daß er der Ansicht ist, daß der Mensch potentiell mit einer "ethischen Ader" ausgestattet ist.
Außerdem kann Schweitzer anhand der Feststellung, daß der Wille zum Leben im allgemeinen stärker als die pessimistische Erkenntnis ist, jede pessimistische Weltanschauung als inkonsequent bezeichnen, da dieser notwendigerweise Konzessionen an die Bejahung des Lebens machen muß, um überleben zu können.

Weil aber laut Schweitzer im abendländischen Bereich in der öffentlichen Gesinnung seit jeher eine optimistische Weltanschauung als Grundlage einer optimistischen Lebensanschauung vorherrscht, wodurch die Auseinandersetzung zwischen optimistischem Willen und pessimistischem Erkennen gedämpft wird, "entsteht gedankenloser Wille zum Leben, der das Leben ablebt, indem er möglichst viel Glück zu erhaschen sucht und etwas wirken will" (GW2, S 343), ohne allerdings zu wissen, zu welchem höheren Zweck.
Und das dumpfe Dahintreiben in der Gedankenlosigkeit stellt keine wirkliche Befriedigung dar.

Diese Gedankenlosigkeit tritt aber erst dann ein, wenn das Denken dem Willen zum Leben bereits seine unbefangene Welt- und

Lebensbejahung geraubt hat. Sie ist also als Rückfall vom Denken in die Gedankenlosigkeit zu werten, wodurch augenscheinlich wird, daß diese Gedankenlosigkeit nicht mehr dieselbe sein kann, wie sie vor dem Einsetzen des Denkens war, da sie um alle bisher gemachten Gedanken bereichert ist. Der Unterschied liegt also im Wissen, wodurch die ursprüngliche, unbefangene Welt- und Lebensbejahung nicht mehr erlangt werden kann.
Daraus ergibt sich allerdings ein Problem:

"Weder die Welt- und Lebensbejahung, noch die Ethik ist aus dem, was unsere Erkenntnis über die Welt aussagen kann, zu begründen." (GW2, S 105)

Schweitzer kann diese Aussage aus dem Grund mit Bestimmtheit treffen, weil er von folgender Voraussetzung ausgeht:

"Die Natur ist wunderbar schöpferische und zugleich sinnlos zerstörende Kraft. Ratlos stehen wir ihr gegenüber. Sinnloses in Sinnvollem, Sinnvolles in Sinnlosem. Das ist das Wesen des Universums." (GW2, S 336)

Für Schweitzer ist das Erkennen einer allgemeinen Sinnhaftigkeit im Weltgeschehen für den Menschen unmöglich. Freilich sagt Schweitzer niemals, daß diese Welt sinnlos sei, obgleich es im Ergebnis gleichgültig sein dürfte, ob der Mensch subjektiv keinen Sinn in der Welt erkennen kann oder ob es objektiv keinen Sinn gibt. Gemäß Schweitzer kann der Mensch nämlich sehr wohl den Sinn der Welt und seines Lebens erahnen, er kann ihn jedoch nicht erkennen oder ihm einen Inhalt geben. Dieser Sinn offenbart sich in der Existenz des Willens zum Leben an sich.

Somit wird diese negative Erkenntnis durch den instinktiv in allem Lebenden vorhandenen Willen zum Leben mehr als wettgemacht. Man muß an dieser Stelle natürlich hinzufügen, daß der denkende Mensch dem instinktiven Willen zum Leben auf Basis einer Grundentscheidung die Treue hält, oder aber ihn unterhalb der pessimistischen Erkenntnis einordnet und sich dann konsequenterweise das Leben nimmt.

Damit aber bedeutet die Resignation in bezug auf das Erkennen der Welt nicht den "rettungslosen Fall in einen verzweifelten Pessimismus" (GW2, S 105), sondern vielmehr eine Wahrhaftigkeitsleistung, der es bedarf, um zu einer wertvollen, da ethischen und dem Denken genügenden Weltanschauung zu gelangen.

So sagt er noch: "Alle Weltanschauung, die nicht von der Resignation des Erkennens ausgeht, ist gekünstelt und erdichtet, denn sie beruht auf einer unzulässigen Deutung der Welt." (GW2, S 105)

Denn eine ethische Deutung der Welt würde zwar unsere Begründung für eine optimistische Welt- und Lebensanschauung enorm erleichtern, indes könnte sie an dem Tag der Einsicht in die Unmöglichkeit, einen objektiven Sinn im Weltgeschehen erkennen zu können, dem Denken nicht mehr genügen, und dann wäre der Optimismus gezwungen, dem Pessimismus Platz zu machen.
Um zu einer dem Denken genügenden Weltanschauung gelangen zu können, muß man sich somit dazu entschließen, auf eine optimistisch-ethische Deutung der Welt zu verzichten.
Das Problem der bisherigen Philosophie liegt für Schweitzer darin, daß man annahm, die Lebensanschauung müsse in der Weltanschauung enthalten sein.
Da aber die Welt für uns uneinsichtig ist, gelangt das Denken zu einem nicht zu bewältigenden Dualismus zwischen Welt- und Lebensanschauung, zwischen Erkennen und Wollen.

"Alles, was an Weltanschauung in dem Denken der Menschheit aufgetreten ist - in den Weltreligionen, wie in der Philosophie - ist ein Versuch, diesen Dualismus zu lösen." (GW2, S 106)

Die Lösung für das Problem dieses Dualismus liegt, so Schweitzer, nun darin, daß dieser Dualismus eben nicht zu lösen ist.
Damit muß man sich abfinden.

Muß man nunmehr aber notwendig entweder in Gedankenlosigkeit dahintreiben, oder aber in eine pessimistische Weltanschauung verfallen? - Nein! Es ist allerdings vonnöten, indem der Wille zum Leben über sich selbst wissend wird, die Weltanschauung aus der

Lebensanschauung wachsen zu lassen, statt, wie bisher weitgehend üblich (jedes einheitliche, in sich geschlossene Weltanschauungssystem beschreitet diesen Weg), den Sinn des Lebens am für uns erkennbaren (!) Sinn der Welt zu messen. Dieser Vergleich kann nur in Pessimismus enden, da eben der Sinn der Welt für uns nicht erkennbar ist.
Um dem Pessimismus zu entrinnen, ist es folglich notwendig, daß die Lebensanschauung von der Anschauung der Welt weitestgehend unabhängig wird.

Doch der Weg zur tatsächlichen Überwindung des Pessimismus ist kein leichter. Solange nur genügend Kraft zum Weiterleben besteht, werden sich die Menschen "von ein bißchen Glück und vielen eitlen Gedanken" ernähren müssen. "Manchmal wird ihr Wille zum Leben wie in einen Rausch versetzt. [...] Jubelnd wollen sie in die gewaltige Symphonie, die sie vernehmen, mit einstimmen. Die Welt erscheint ihnen schön... Aber der Rausch vergeht." (GW2, S 344)

Im Übrigen verhielt es sich, gemäß Schweitzer, in der Geschichte des europäischen Denkens so, daß schon die längste Zeit die Ansichten von der Welt lediglich als Deutungen der Welt durch die Lebensanschauung zu bezeichnen waren, und damit in Wahrheit schon lange nicht mehr die Lebensanschauung aus der Weltanschauung gewonnen wurde.

"Weil die Lebensanschauung des europäischen Denkens optimistisch-ethisch war, verlieh man der Weltanschauung, den Tatsachen zum Trotz, denselben Charakter." (GW2, S 337)

Und daraus wurde dann in der Theorie die Lebensanschauung gezimmert.
Das Problem dabei lag in der mangelnden Begründung der optimistischen Lebensanschauung.

Wahrhaft optimistische Weltanschauung kann sich nur "in Lebensanschauung, die auf sich selbst gestellt ist und sich in aufrichtiger Weise mit dem Welterkennen auseinandersetzt" (GW2, S 340), ergeben.

Um aber zu einer bejahenden Einstellung zur Welt gelangen zu können, muß man zuerst zu einer lebensbejahenden Einstellung finden.

Die Leistung, die Schweitzer zu diesem Zwecke nun vom Menschen verlangt, ist, den Willen zum Leben bewußt über die pessimistische Erkenntnis zu stellen, um wissend über den eigenen Willen zum Leben zu werden. Der Wille zum Leben muß deshalb über das negative Erkennen gestellt werden, weil dies in instinktiver Weise schon immer geschieht, solange man sich nicht das Leben nimmt.

"Das Entscheidende für unsere Lebensanschauung ist nicht unsere Erkenntnis von der Welt, sondern die Bestimmtheit des Wollens, das in unserem Willen zum Leben gegeben ist." (GW2, S 107)

Doch wissend über den eigenen Willen zum Leben zu werden, ist nicht nur entscheidend für unsere Lebensanschauung, sondern auch für das Schicksal unseres Daseins. Das Denken hat die notwendige Unterstützung zu leisten, "daß der Wille zum Leben in uns mit sich selber wahr werde " (GW2, S 346).
Es wird deutlich, daß Schweitzer es als die Bestimmung des menschlichen Lebens erachtet, zuerst wissend über den eigenen Willen zum Leben zu werden und dann das Wesen des eigentlichen "Ichs" zu erfüllen.
Erwähnt sei noch, daß dieses eigentliche "Ich" kein naturalistisches sein kann, sondern vielmehr transzendentaler Natur ist, wodurch sich das "in-sich-mit-sich-selber-wahr-werden" des Willens zum Leben in einem mystischen Akt vollzieht. Dieses Wahr werden des Willens zum Leben im Sinne Schweitzers bezieht sich jeweils auf einen höchst individuellen Willen zum Leben.

Zurück zu der wesenhaften Beschaffenheit des Willens zum Leben: "Das Wesen des Willens zum Leben ist es, daß er sich ausleben will. Er trägt den Drang in sich, sich in höchstmöglicher Vollkommenheit zu verwirklichen." (GW2, S 346)

Der Prozeß der Selbstverwirklichung des Willens zum Leben beginnt in der Erkenntnis der Unmöglichkeit, einen objektiven Sinn im Weltgeschehen zu erkennen. Seinem Wesen entsprechend, wird der Wille zum Leben versuchen, zur Klarheit über sich selbst zu gelangen, obgleich keineswegs feststeht, daß dieses Unterfangen von Erfolg gekrönt sein muß.

Wie aber kann der Wille zum Leben über sich selbst wissend werden?- Gemäß Schweitzer sicherlich nicht in einem Akt intellektueller Erkenntnis, sondern vielmehr in einem mystischen Akt des tiefen Erlebens. (siehe Abschnitt "Ehrfurcht vor dem Leben")
Sollte es dem Willen zum Leben nun tatsächlich gelingen, über sich selbst wissend zu werden, so wird ihm aufgehen, daß es seine Bestimmung ist, zur Freiheit von der Welt zu gelangen, die "grausige Abhängigkeit von dem Körperlichen" (GW2, S 342) zu durchbrechen.

"Zur Klarheit über sich selbst kommend, weiß der Wille zum Leben, daß er auf sich selbst gestellt ist. Seine Bestimmung ist, zur Freiheit von der Welt zu gelangen." (GW2, S 348)

Die Selbstverwirklichung des Willens zum Leben erfolgt also in der Loslösung von den Umständen. Daß diese Loslösung auf geistige, überintellektuelle Weise erfolgen muß, dürfte bereits offensichtlich sein, die Möglichkeit dieses Prozesses wird später noch erörtert.
Zum Zwecke der Loslösung von den Umständen bedarf es allerdings vertiefter Welt- und Lebensbejahung. Und diese vertiefte Welt- und Lebensbejahung zu erringen, ist gemäß Schweitzer eine der zwei Aufgaben, die das Denken zu bewältigen hat. (Die zweite ist im übrigen, uns von ethischen Regungen zu einer denknotwendigen Ethik zu führen).
Wie kann das Denken diese erste Aufgabe nun bewältigen?
Durch eine Krise des Willens zum Leben!

Wenn der Mensch in der Einsicht der Unmöglichkeit, der Welt einen objektiven Sinn beizulegen, an der unbefangenen Welt- und Lebensbejahung zu zweifeln beginnt, gerät der höchstpersönliche und selbstbewußte Wille zum Leben in eine Krise bezüglich seines Vermögens, sein eigenes Leben zu bejahen. Das Denken hat in diesem Punkt dem Willen zum Leben beizustehen.

Aus der empirischen Erfahrung läßt sich keine Begründung ableiten, weshalb an Welt- und Lebensbejahung festzuhalten sei. Dennoch ist dieser Wille zum Leben, der nur in Welt- und Lebensbejahung existieren kann, unzweifelhaft vorhanden. Somit muß die vertiefte Welt- und Lebensbejahung des Willens zum Leben ihren Sinn in sich selbst tragen.

"Sie [die vertiefte Welt- und Lebensbejahung] erfolgt aus innerer Notwendigkeit und genügt sich selber." (GW2, S 347)

Es liegt also am Denken, den in die Krise gekommenen Willen zum Leben, der an der unbefangenen Welt- und Lebensbejahung nicht mehr festzuhalten imstande ist, zu vertiefter Welt- und Lebensbejahung zu geleiten, auf daß dieser Wille zum Leben mittels vertiefter Welt- und Lebensbejahung mehr und mehr "in uns mit sich selber wahr werde" (GW2, S 347).

Vertiefte Welt- und Lebensbejahung bedeutet in diesem Sinne, daß man nach Verwerfung der unbefangenen Welt- und Lebensbejahung aufgrund der negativen Erkenntnis von der Welt wieder zu einer Welt- und Lebensbejahung gelangt, die aber nun profund ist, da ihre Begründung allein in dem Umstand, daß trotz absoluter Rätselhaftigkeit des Wesens der Welt für den Menschen der Wille zum Leben eindeutig konstatierbar ist, liegt.

An in Kürze folgender Stelle wird auf die Beschaffenheit des Willens zum Leben, der in der innerlichen Loslösung von der Welt in sich mit sich selbst wahr wird, in ausführlicher Weise eingegangen.

2.1.2 Ehrfurcht vor dem Leben

Was sind nun die Inhalte der vertieften Welt- und Lebensbejahung? Schweitzer definiert es so: "Vertiefte Welt-und Lebensbejahung besteht darin, daß wir den Willen haben, unser

Leben und alles durch uns irgendwie beeinflußbare Sein zu erhalten und auf seinen höchsten Wert zu bringen." (GW2, S 341) Und an anderer Stelle heißt es: "In vertiefter Welt- und Lebensbejahung bekunde ich Ehrfurcht vor dem Leben." (GW2, S 347) Die Begründung, warum man alles durch uns beeinflußbare Sein zu erhalten und zu fördern trachten wird, ergibt sich aus dem Umstand, daß der Mensch über den eigenen Willen zum Leben wissend werden kann und außerdem alles andere Lebende in Analogie zu dem eigenen Willen zum Leben erfaßt.

Dieses Erfassen aber muß gemäß Schweitzer die rein intellektuelle Erkenntnis übersteigen, um tatsächlich zu einem bedeutenden Motiv zu werden.

"Das zum Erleben werdende Erkennen läßt mich der Welt gegenüber nicht als rein erkennendes Subjekt verharren, sondern drängt mir ein innerliches Verhalten zu ihr auf. Es erfüllt mich mit Ehrfurcht vor dem geheimnisvollen Willen zum Leben, der in allem ist." (GW2, S 377)

Schweitzer schreibt, daß alles wahre Erkennen in Erleben übergeht. Um die Bedeutung dieser Aussage zu klären, sei auf seine erste Predigt über die Ehrfurcht vor dem Leben in Straßburg im Jahre 1919 verwiesen:

"Vernunft und Herz müssen miteinander wirken, wenn eine wahre Sittlichkeit zustande kommen soll." (GW5, S 120)

"Herz" dürfte hier weitgehend synonym stehen für "ursprüngliches Gefühl" oder sogar für jene innere Stimme, die geläufigerweise als Gewissen bezeichnet wird, und dessen Auftreten abhängig von einer gedanklichen oder praktischen Tat zu sein scheint, wobei nicht geklärt ist, ob dieser Gewissensspruch nun abhängig von sozialen Umständen ist, oder aber, als Instanz an sich, nicht durchaus auch unabhängig sein könnte.

Schweitzer zumindest scheint den Spruch des Gewissens jenseits der empirisch erfahrbaren Welt zu orten, und somit als Instanz absolut zu setzen, sonst würde er wohl nicht von einer "angelernten Sittlichkeit, die nicht in sich gegründet ist" sprechen, denn erstens müßte ein konditionierter Gewissensspruch imstande sein, der menschlichen Vernunft Genüge zu tun, und zweitens muß eine in sich gegründete Sittlichkeit auch jenseits der äußeren Umstände Bestand haben.

"Wer es nicht erlebt hat, der hat nur eine angelernte Sittlichkeit, die nicht in sich gegründet ist, ihm nicht gehört, sondern von ihm abfallen kann." (GW5, S 125)

Bloßes intellektuelles Erkennen kann noch nicht als wahres Erkennen bezeichnet werden und muß daher von diesem, offensichtlich bezüglich der Qualität, unterschieden werden. Doch an welchem Punkt geht das wahre Erkennen in Erleben über?
Sicher ist, daß Erleben im Sinne Schweitzers jenseits der bloß intellektuellen Bejahung eines Sachverhaltes angesiedelt sein muß.

Ein Beispiel soll der Veranschaulichung der Differenz zwischen bloß intellektuellem Erkennen und Erleben im Sinne Schweitzers dienlich sein:

An einem Tag mag man einen ausgedehnten Spaziergang unternehmen, man stelle sich vor, es handle sich um einen sonnigen Frühlingsnachmittag.
Du spazierst nun in einem erfrischend kühlem Wald, vernimmst das Plätschern eines Baches und die Geräusche des Waldes.
Außer dieser Kulisse ist nichts zu hören, und diese belebte Stille klingt dir so angenehm beruhigend im Ohr, daß du dich auf der nächsten Lichtung ins Gras legst.
Einfach so.
Und wenn du aus halbliegender Position genau auf den Erdboden blickst, dann siehst du auf einmal die Ameisen, die ihre von uns im allgemeinen so unbeachtete Tätigkeit verrichten.
Und der Käfer, der zwanzig Zentimeter entfernt sich scheinbar schwerfällig seinen Weg bahnt, läßt dich nicht mehr zurückzucken.
Du verweilst und beobachtest fasziniert die Bewegungen dieses Tieres, das so ungelenk erscheint auf der Unebenheit des Erdbodens, und doch so ästhetisch in seinem schwarzen Panzer und mit seinen kräftigen Zangen.

Seltsam, wie jeder Punkt der Wiese sich in ständiger Bewegung befindet, wie vielfältig sich das Leben hier äußert. Und noch eigenartiger ist, daß dir selbst diese Harmonie nicht fremd erscheint, du spürst, daß du selbst ein Teil der Natur bist, untrennbar verbunden mit und dich nahtlos einfügend in die Natur. Eine Spinne hantelt sich behende über die sich unter ihrem Gewicht biegenden Grashalme und entschwindet alsbald aus deinem Gesichtsfeld.
Und nachher weißt du nicht, weshalb du diese Spinne so seelenruhig betrachten konntest, angesichts des Umstandes, daß eine Spinne auf der Wohnzimmergarnitur in deiner Wohnung heftiges Erschrecken und das Gefühl von Ekel hervorzurufen imstande ist.
Es mag auch sein, daß du Wochen nach diesem Spaziergang einen am Rücken liegenden und mit den Beinen zappelnden Käfer vorfindest, ihn umdrehst, ins Gras setzt und dir diese Handlung völlig selbstverständlich ist.

Erleben im Sinne Schweitzers meint in seinem tiefsten Grunde das höchstmögliche Maß an Identifikation des Ichs mit der in Frage stehenden Tätigkeit, Gesinnung oder Erscheinung.
In ethischer Hinsicht bezieht sich dieses Erleben auf das Einheitsempfinden mit anderem Leben.

"Erleben" dürfte mit der praktischen Bestätigung einer theoretischen Einsicht in engem Zusammenhang stehen.
Nur die praktische Erfahrung in ihrer Unmittelbarkeit vermag die bestehende Differenz zwischen Ich und Theorie aufzuheben. Im Erleben wird das Ich auf den Kern seiner selbst zurückgedrängt, wogegen bereits die Reflexion dieses Erlebnisses die Distanz zwischen Ich und Theorie wieder herstellt.

Die intellektuelle Einsicht, mit allem anderen Leben verbunden, teilhaftig am Prinzip des Lebens an sich zu sein, vermag wohl noch keinen praktischen Gesinnungswandel zu bewirken.
Die Logik ist nicht fähig, Sympathie zu erzeugen.

Jegliches echte Gefühl ist von intellektueller Erkenntnis unabhängig, aber genau dieses warmherzige Empfinden der Sympathie

ist es doch, das mich den Käfer auf seine Beine richten läßt und nicht etwa die hervorragendste theoretische Erkenntnis.
Die Gesetze der Logik bewegen mich dazu, vernünftig zu handeln. Aber warum sollte es vernünftig sein, einen Käfer auf die Beine zu stellen, wenn er sowieso nur wenige Sekunden später von einem Vogel verspeist wird?

"Erleben" in ethischer Hinsicht mag also als "tiefe Verinnerlichung des Einheitsempfindens mit anderem Leben in der praktischen Erfahrung" umschrieben werden.

Dieses Erleben kann als mystischer Akt bezeichnet werden, da es jenseits der Grenzen der Logik angesiedelt zu sein scheint.
Dieses mystische Erlebens wird niemals vorgeben, eine Erkenntnismöglichkeit des Absoluten selbst zu sein. Aber es findet zumindest in einem Bereich statt, wo alle Worte und Begriffe ihre Zulänglichkeit verlieren und es gehört wohl zu den tiefsten und intensivsten Empfindungen, deren Menschen fähig sind. (vgl. "Ergänzung zur Mystik")

Daß jedoch das Erleben im Sinne Schweitzers dem Menschen ohne jegliche vorhergehende intellektuelle Erkenntnis, und sei diese rein empirischer Art und bloß die unmittelbare Verarbeitung der Reize, die unsere wahrnehmenden Organe berühren betreffend, nicht zugänglich sein wird, dürfte augenscheinlich sein.

Das Erkennen geht also dem Erleben voraus.
Das Erleben selbst ist wiederum nur durch eine Vertiefung und praktische Verinnerlichung der Erkenntnisinhalte dem Menschen zugänglich.

Die aus dem Denken stammende Ehrfurcht vor dem Leben entwickelt sich nunmehr in dem Moment des Erlebens, daß der eigene Wille zum Leben, der so rätselhaft und unbegreiflich ist, analog auch in allem anderen Leben zu finden ist.

"Ich bin Leben, das leben will, inmitten von Leben, das leben will."
(GW2, S 377)

Wer in mystischer Identifikation mit allem in dieser Welt erscheinendem Leben den Inhalt dieses Satzes jemals in tiefer Ergriffenheit erlebt hat, der kann gemäß Schweitzer nicht anders, als Ehrfurcht vor dem Leben zu empfinden.
Das ist für Schweitzer das universelle Fundament und auch der Anfang aller Sittlichkeit.
Wenn die bereits instinktiv vorhandene Ehrfurcht vor dem Leben das erste Mal dem Bewußtsein zugänglich wird, kann man vom Beginn der sittlichen Entwicklung sprechen. (Die Beschaffenheit der mystischen Identifikation mit dem Sein in der Welt wird später abgehandelt)

Die Ehrfurcht vor dem Leben ist aufgrund ihrer Universalität die Gesinnung, auf deren Basis sich wirkliche Ethik entwickeln kann.
Nunmehr muß uns das Denken von ethischen Regungen zu einer denknotwendigen Ethik führen.

(Über das Problem der Denknotwendigkeit und den Aspekt der Bewußtseinsabhängigkeit gibt der Abschnitt "Denknotwendigkeit" Auskunft.)

Nur wenn die Art des ethischen Fortschrittes ein zwingender ist, kann ein ethischer Ansatz die Kraft haben, sich auf Dauer in den Herzen der Menschen zu behaupten, denn der Mensch zweifelt.

Deswegen muß nicht nur dem Herz, sondern auch der Vernunft Genüge getan werden, obgleich die Vernunft für Schweitzer natürlich über weniger sittliche Tiefe verfügt. Die entscheidende Instanz ist das Herz, die Gesinnung, doch das alltägliche Leben, das den Menschen so vielen ständigen Frustrationen aussetzt, macht es dem Menschen nicht leicht, an einer unbegründeten und unbegründbaren Gesinnung festzuhalten.

Welche Kriterien aber hat eine Ethik, die dem Denken genügen kann, zu erfüllen?

Die Geschichte der Ethik hat gezeigt, daß man die wichtigsten ethischen Ansätze in zwei Kategorien zusammenfassen kann. Erstens in Ansätze, die sich hauptsächlich auf den Aspekt der

Selbstvervollkommnung konzentrieren, und zweitens in solche, deren Hauptanliegen in der Hingebung an anderes Leben besteht.

Das größte Problem der Ansätze der ersten Kategorie besteht in der Schwierigkeit, ein Motiv zur ethischen Handlung zu finden. Da die menschliche Selbstvervollkommnung im allgemeinen als Streben nach Loslösung von der materiellen Welt angesehen wird, vermögen diese Ansätze nicht, den Menschen zu einer aktiven ethischen Tätigkeit anzuregen.

Die ethischen Systeme der Hingebung an anderes Leben wiederum scheitern an der Anforderung, ein dem Denken genügendes Grundprinzip des Sittlichen aufzustellen, das bedeutet, daß sie zwar Hingebung postulieren, aber das "Warum" der Hingebung an anderes Leben nicht in befriedigender Weise zu beantworten fähig sind.

2.1.3 Die wahre Resignation

Schweitzer ist nun der Ansicht, daß Hingebung und Selbstvervollkommnung in innerem Zusammenhang miteinander stehen, und erachtet es als seine persönliche Aufgabe, diese Synthese zwischen Ethik der Hingebung und Ethik der Selbstvervollkommnung transparent zu machen, da er dort die Möglichkeit zur Ausformulierung einer dem Denken genügenden Ethik sieht.
Die innerliche Loslösung von der Welt erachtet Schweitzer als eine der Bestimmungen des Willens zum Leben. Es ist offensichtlich, daß diese Bestimmung als zum Prozeß der Selbstvervollkommnung gehörig bezeichnet werden kann.

Es gilt folglich zu prüfen, wie sich erstens der Schritt zur innerlichen Loslösung von der Welt vollzieht, und zweitens, und das dürfte das entscheidende Kriterium darstellen, ob Schweitzer es tatsächlich schafft, die Hingebung des eigenen Lebens an anderes Leben solcherart zu begründen, daß rückblickend die Entwicklung aus der Gesinnung der Ehrfurcht vor dem Leben bis hin zum Grundprinzip des Sittlichen als schlüssig und logisch nachvollziehbar bezeichnet werden muß.

Zuerst soll der Aspekt der Selbstvervollkommnung, der seinem Wesen zufolge innerliche Loslösung von den äußeren Umständen bedeutet, näher beleuchtet werden.

Erst in der vertieften Welt- und Lebensbejahung wird dem Willen zum Leben das tatsächliche Freiwerden von der Welt, Schweitzer bezeichnet es als "die wahre Resignation", ermöglicht.
Man sieht, daß die negative Erkenntnis von der Welt noch keine wahre Resignation bedeutet. Zuvor muß sich der Wille zum Leben über die negative Erkenntnis erheben, und zwar nicht bloß im pessimistischen Nicht-Vollzug des Selbstmordes, sondern in optimistischer und vertiefter universeller Bejahung des Lebens und der Welt. Erst dann kann die innerliche Freiheit von der Welt in höherer Intensität und Qualität angestrebt und erfahren werden. Diese Erfahrung bezeichnet Schweitzer als zum Prozeß der Selbstvervollkommnung des Willens zum Leben gehörig (vgl. GW2, S 360), wodurch ersichtlich wird, daß sich der Mensch niemals sicher sein kann, ob er diese Erfahrung tatsächlich jemals machen wird. Schweitzer ist freilich der Ansicht, daß elementares Denken zwingend den Prozeß der Selbstvervollkommnung vorantreibt.

Einsichtig ist freilich, daß die analoge Einsicht des universellen Willens zum Leben aus dem eigenen Willen zum Leben, die zur vertieften Welt- und Lebensbejahung führt, einen gewissen Grad der Loslösung von den Umständen zur Voraussetzung hat, denn ohne tendenzielles Absehen von der eigenen Individualität dürfte die Erkenntnis des universellen Willens zum Leben unmöglich sein.
Andererseits kann man ohne dieses Einheitserlebnis des eigenen Willens zum Leben mit dem unendlichen Willen zum Leben, wie er in der Welt erscheint, niemals den Zustand der wahren Resignation erreichen, da man sonst immer, wenn auch möglicherweise in beschränktem Maße, in den Grenzen der eigenen Individualität gefangen bleiben wird.
Man sieht, daß sich der Prozeß der Selbstvervollkommnung bei

Schweitzer als gegenseitig bedingende dialektische Bewegung aller beteiligten Faktoren präsentiert.

Zurück zum Begriff der wahren Resignation:

"Wahre Resignation ist nicht ein Müdewerden von der Welt, sondern der stille Triumph, den der Wille zum Leben in schwerster Not über die Lebensumstände feiert. Sie gedeiht nur auf dem Boden tiefer Welt- und Lebensbejahung." (GW2, S 348)

In seinem Werk: "Aus meinem Leben und Denken" definiert Schweitzer die wahre Resignation folgendermaßen:
"Wahre Resignation besteht darin, daß der Mensch in seinem Unterworfensein unter das Weltgeschehen zur innerlichen Freiheit von den Schicksalen, die das äußere seines Daseins ausmachen, hindurchdringt." (GW1, S 239)

Wahre Resignation heißt tiefstes und aufrichtigstes Abfinden mit allen positiven und negativen Gegebenheiten des Lebens sowie der negativen Erkenntnis von der Welt, doch dieses Sich-Fügen bedeutet keine Unterwerfung mehr, sondern im Gegenteil, im Erkennen der Grenzen die gleichzeitige Möglichkeit zur geistigen Überwindung der Grenzen, im wahren Abfinden mit den Umständen die Möglichkeit zur Loslösung von den Umständen.
Die Bedeutung der wahren Resignation liegt also in der innerlichen Loslösung von der Zwanghaftigkeit der Natur, in der geistigen Überwindung des grausamen Dualismus zwischen Schöpferwille und Zerstörerwille im Akt des Wissend-werdens über eben diese Zwanghaftigkeit und über den Umstand, daß wir diese niemals erklären und ihr aber auch nicht entrinnen können.

Hier liegt eine Doppelung des Begriffes "Resignation" vor. Ohne es gesondert zu explizieren, unterscheidet Schweitzer zwischen einer Resignation des Erkennens und einer wahren Resignation.
Wenn die wahre Resignation aber gerade kein "Müdewerden von der Welt" bedeutet, dann muß der Inhalt der Resignation des Erkennens, zumindest potentiell, genau darin liegen. Es gilt freilich, die Resignation, die sich aufgrund des negativen Erkennens der Welt einstellen mag, zu überwinden und zu vertiefter Welt- und

Lebensbejahung zu gelangen, und zwar vermittels des Wollens. Inhaltlich steht die Resignation des Erkennens also in Gegensatz zur wahren Resignation, die erst in tiefer Welt- und Lebensbejahung entstehen kann.
(Näheres dazu findet sich im Abschnitt "Ergänzung zur wahren Resignation".)

Wozu dient nun die wahre Resignation?
Um den Pessimismus, der eine Folgeerscheinung der negativen Erkenntnisse von der Welt ist, durch die geistige Loslösung von den Ereignissen im Zaum zu halten.
Unser Leben ist eine ständige Auseinandersetzung des Willens zum Leben mit der Welt.
"Nie ist der Kampf zwischen Optimismus und Pessimismus in uns ausgekämpft. Immer wandeln wir auf Geröll am Abgrund des Pessimismus entlang." (GW2, S 348)

Der lebensbejahende Wille zum Leben muß also ständig um die Weltbejahung ringen.
Die eine Gefahr für den Optimismus besteht somit darin, daß die Lebensumstände zu drückend werden.
Die andere Gefahr ist eine schleichende. Der vertiefte Wille zum Leben gebietet uns, Unruhe zu haben, wo wir durch Zurückziehen auf uns selber Ruhe haben könnten. Doch das bedeutet auch ständige Mühen. Das negative Erkennen verleitet dazu, das eigene Streben zu reduzieren, sich auszuruhen.
Seinem Wesen zufolge ist jeder Wille immer optimistisch, denn dem Willen muß das Wollen immanent sein.
Während unseres gesamten Lebens müssen wir daher den Kampf unseres pessimistischen Erkennens mit unserem optimistischen Wollen ausfechten.

"Sanft redet das Erkennen auf unser Wollen ein, sich auf die Tatsachen herabzustimmen. Dies ist das verhängnisvolle Ausruhen, in welchem die Menschen und die Menschheit der Kultur absterben." (GW2, S 349)

Weil uns das pessimistische Erkennen bis zu unserem letzten Atemzug zusetzt, hat die wahre Resignation, die innerliche Los-

lösung des Willens zum Leben von den Lebensumständen, die sich aus der tiefen Welt- und Lebensbejahung entwickelt, so große Bedeutung, um dem Optimismus des Wollens im Ringen gegen die pesssimistische Erkenntnis von der Welt ständig von Neuem zu stärken und beizustehen.
Sicher ist zudem, daß die wahre Resignation zur Erfahrung und zur Auslebung einer dem Denken genügenden Ethik unerläßlich ist.

2.1.4 Mystik

Ethik im Sinne Schweitzers vervollständigt sich aber einerseits durch Nachgeben des Dranges des Menschen nach Selbstvervollkommnung, und andererseits durch die Hingebung des eigenen Lebens an alles andere Leben.
Die Rolle des Denkens innerhalb dieser ethischen Entwicklung liegt dabei in der folgenden Tätigkeit:

"Es [das Denken] regt den Willen zum Leben an, in Analogie zur Lebensbejahung, die in ihm selber ist, die Lebensbejahung, die sich in dem vielgestaltigen Leben um ihn herum zeigt, anzuerkennen und mitzuerleben. Auf Grund dieser Weltbejahung stellt sich Lebensverneinung ein, als Mittel, die Bejahung anderen Lebens durchzuführen." (GW2, S 356)

Der Begriff "Lebensverneinung" stellt bei Schweitzer jenen Teil des eigenen Willens zum Leben dar, der zugunsten anderen Willens zum Leben eingeschränkt oder geopfert wird. Die universelle Bejahung anderen Lebens aber bedeutet nichts anderes als Weltbejahung. An späterer Stelle wird auf die Beschaffenheit der Lebensverneinung eingegangen.

Doch aus welchem Grund sollte ein Mensch sein eigenes Leben zugunsten des Lebens irgendeines anderen Wesens einschränken oder sogar opfern?

Weil, gemäß Albert Schweitzer, die Hingebung zum Wesen des Menschen gehört.
Die Hingebung ist im Prozeß der Selbstvervollkommnung bereits enthalten!
Selbstvervollkommnung im Sinne Schweitzers ist einerseits Voraussetzung und andererseits Folge der Hingebung.
Wiederum sieht man die wechselseitige Abhängigkeit.
Diese innere Einheit zwischen Hingebung und Selbstvervollkommnung liegt für Schweitzer offen zutage, man muß also nicht erst krampfhaft versuchen, diese zwei Begriffe künstlich zu verbinden.
Es reicht, nicht von falschen Voraussetzungen auszugehen.
Erstens muß man der Versuchung widerstehen, die Welt in irgendeiner Weise ethisch zu deuten. Die Wirklichkeit liefert dafür keinerlei Motive. Die anfängliche Entlastung der Krise des Willens zum Leben in der erleichterten Findung einer Antwort auf die Frage nach dem Sinn des Lebens wird bald ins Gegenteil umschlagen, da diese Antwort unbefriedigend ausfallen muß, wodurch die Erkenntnis der Mangelhaftigkeit dieser Antwort zu einer erneuten Krise des Willens zum Leben führen muß.

Zweitens muß man sich bewußt machen, daß "Selbstvervollkommnung in nichts anderem bestehen kann als darin, daß der Mensch in das wahre Verhältnis zum Sein [...] komme." (GW2, S 366)

Die Begründung für diesen Drang nach Selbstvervollkommnung liegt in dem Umstand, daß der Mensch wissend über den eigenen und den fremden Willen zum Leben werden kann. Um von der natürlichen, äußerlichen Zugehörigkeit zum Sein aber zum wahren Verhältnis zum Sein zu gelangen, ist es erforderlich, sich diesem Sein geistig und innerlich hinzugeben. Das tätige Verhältnis zu den Dingen ist durch diese geistige und innerliche Hingebung an das Sein bestimmt und als äußere Form derselben zu betrachten. (vgl. GW2, S 366)

Und drittens darf das Denken nicht in abstraktes Denken verfallen, sondern muß elementar bleiben, "indem es Hingebung an die Welt auffaßt als Hingebung des menschlichen Lebens an alles lebendige Sein, zu dem es in Beziehung treten kann." (GW2, S 375)

Dieser dritte Punkt bedarf besonderer Erläuterung.

Zuerst sollte man sich über die Beschaffenheit der Hingebung im klaren sein.
Das Wesen der Hingebung ist ein universelles. Die Hingebung an alles Leben kann sich nicht bloß auf die Menschen beschränken, sondern gilt für alles Leben, natürlich auch für das eigene.
(Mancherlei Erwähnenswertes zu dem Begriff der Hingebung findet sich im Abschnitt "Hingebung;Selbstvervollkommnung".)

Dann muß man sich das eigentliche Problem vor Augen führen.
Im Drang nach Selbstvervollkommnung gelangt das menschliche Streben meistens nur zu einer passiven Hingebung an das Sein.
Der Grund dafür liegt aber in dem Umstand, daß es üblich zu sein scheint, die geistige, innerliche Hingebung an das Sein im Streben nach dem ethischen Aspekt der Selbstvervollkommnung auf einen abstrakten Inbegriff des Seins statt auf das wirkliche Sein zu richten, und zwar in Folge der Schwierigkeiten, denen die Ethik der Selbstvervollkommnung begegnet, wenn sie sich in Naturphilosophie zu begreifen sucht. An diesem Punkt, wo unser Denken im Irrationalen endet, beginnt der Bereich der "Mystik".

An diesem Punkt sei auf Schweitzers Unterscheidung zwischen "Selbstvervollkommnung" und "Ethik der Selbstvervollkommnung" hingewiesen. Daß zwischen diesen Begriffen überhaupt ein inhaltlicher Unterschied besteht, wird augenscheinlich, wenn man bedenkt, daß Schweitzer als Selbstvervollkommnung das wahre Verhältnis des Menschen zum Sein bezeichnet, hingegen den Begriff "Ethik der Selbstvervollkommnung" bezüglich lebendigen Seins anwendet (vgl. GW2, S 366ff), obgleich er auch an dieser Stelle seine Begriffe nur inkonsequent verwendet.

Sicher ist jedoch, daß sich ethisches Verhalten im Sinne Schweitzers nur auf erscheinendes Sein beziehen kann.
Somit müßte es zulässig sein, den Schweitzer'schen Begriff "Ethik der Selbstvervollkommnung" als "ethischen Aspekt der Selbstvervollkommnung" zu umschreiben.
Daß dieser Unterschied von höchster Relevanz sein dürfte, wird im Abschnitt "Selbstvervollkommnung" ersichtlich, wo sich übrigens

auch eine ausführliche Beweisführung für obig getroffene Unterscheidung befindet.

Die vorher angesprochenen Schwierigkeiten der Beschränkung der Hingebung an abstraktes Sein treten nun auf, wenn man davon ausgeht, "daß in dem "Unpersönlichen" des Weltgeschehens irgendwie das Geheimnis des wahrhaft Ethischen liege." (GW2, S 367)

Wenn man aber dem Weltgeist, dem Absoluten, in irgendeiner Art ethischen Charakter beizulegen versucht, um sich in ihm wiederfinden zu können, dann begeht man im Grunde genommen den Fehler der ethischen Deutung der Welt zum zweiten Mal, diesmal allerdings auf einer vollkommen spekulativen Metaebene jenseits aller Erscheinungen. Doch alles, was sich dem Menschen offenbart, ist bereits Erscheinung.

Schweitzer bezeichnet "die Annahme einer im Weltgeschehen waltenden Objektivität, die für unser Handeln vorbildlich sein soll", als "nichts anderes, als ein mit ganz blassen Farben unternommener Versuch, die Welt ethisch zu deuten." (GW2, S 367)
Trotzdem heißt es bei Schweitzer:

"Und doch muß die das Denken befriedigende Ethik aus Mystik geboren werden." (GW2, S 370)

Weshalb aber kann man keinen anderen Weg beschreiten, um zu einer dem Denken genügenden Ethik zu gelangen? - Weil es für wahrhaft tiefes Denken keinen anderen Weg gibt.

"Mit Notwendigkeit endet rationales Denken, wenn es in die Tiefe geht, in dem Irrationalen der Mystik. Es hat ja mit dem Leben und der Welt zu tun, die beide irrationale Größen sind." (GW1, S 244)

Der Fortschritt der Wissenschaften besteht lediglich darin, die Abläufe des Lebens besser beschreiben zu können, aber das Rätsel des Lebens an sich ist für den Menschen unergründlich. Tiefes Denken, welches das Leben oder die Welt zum Inhalt hat, kann nur wieder und wieder dazu gelangen, über die Rätsel des

Lebens und der Welt zu staunen, es endet in einem Bereich, wo keine rationalen Aussagen mehr möglich sind.

Begriffe wie Ethik, Hingebung oder Selbstvervollkommnung stellen keine rationalen, quantifizierbaren Größen dar. Für ethische Gesinnung kann es keine Norm geben, der Grad der Selbstvervollkommnung kann genausowenig an einer Skala ablesbar sein wie das jeweilige Ausmaß der Hingebung an anderes Leben.
So sagt Schweitzer:

"Die Ethik der Selbstvervollkommnung denken, heißt nichts anderes, als Ethik aus Mystik zu begründen suchen." (GW2, S 369)
Allerdings darf man sich nicht über den ethischen Gehalt der Mystik täuschen.

"Das Erleben des Einswerden mit dem Absoluten, des Seins im Weltgeiste, das Aufgehen in Gott oder wie man es sonst noch bezeichnen mag, ist von sich aus nicht ethisch, sondern geistig." (GW2, S 369)

Im allgemeinen, so Schweitzer, assoziiert der Europäer mit "Mystik" zumeist christlich, das heißt ethisch gefärbte Mystik.
Aber Geistigkeit ist nicht Ethik, und aufgrund dieses Irrtums läuft die Mystik ständig Gefahr, das Aufgehen im Absoluten als Selbstzweck zu betrachten. Da aber Selbstvervollkommnung vollständig nur in einer irrationalen Spannung zwischen leidender und tätiger Selbstvervollkommnung, das heißt in einer Spannung zwischen der Möglichkeit zur innerlichen Freiheit von der Welt und der eingeschränkten Möglichkeit zur praktischen Verwirklichung der innerlichen Erfahrung, bestehen kann (auf die Begriffe der leidenden und tätigen Selbstvervollkommnung wird in Kürze eingegangen), will die Mystik als Selbstzweck den Anforderungen der Ethik der Selbstvervollkommnung nicht mehr genügen, die Mystik wird dann überethisch, das heißt, daß sie sich, mit den besten Absichten, in solchem Maße über die Wirklichkeit stellt, daß sie zu keinem ethischen Inhalt mehr gelangen kann. Die Mystik als Selbstzweck liefert keine Motive zur ethischen Tätigkeit. Schweitzer spricht von "einer Geistigkeit, die ebenso inhaltslos ist wie das vorausgesetzte Absolute." (GW2, S 370)

Und weiter heißt es: "Die Ethik der Selbstvervollkommnung, die aus Mystik entstehen soll, ist also in steter Gefahr, in Mystik zugrunde zu gehen." (GW2, S 370)

Dennoch darf das ethische Denken nicht auf die Mystik verzichten, wie es, gemäß Schweitzer, im europäischen Denken versucht wird, denn ohne in den mystischen Bereich einzudringen, verweilt das ethische Denken in der Oberflächlichkeit und kann den Menschen nicht mehr zur innerlichen, ethischen Persönlichkeit wachsen lassen.

Oberflächliche Ethik vermeidet aber die innerliche Auseinandersetzung mit der Ethik und ist daher auch nicht als wahre Ethik zu bezeichnen.

Es ist also die Mystik, die zur Ethik führt, doch muß man der Gefahr der Mystik, überethisch zu werden, entgegenwirken, und zwar indem man vermeidet, Abstraktes zu ihrem Inhalt zu machen.
Mystik an sich ist also nicht imstande, zur Ethik zu gelangen, sondern bloß "ethische Mystik" (vgl. GW2, S 372).
Zwar vermag der Mensch Begriffe wie "das Absolute", "der Weltgeist" und derartiges vermittels der Sprache aufzustellen, aber er sollte nicht vergessen, daß ihm nur die Erscheinungen des Seins zugänglich sind.

"Die Wirklichkeit aber weiß nichts davon, daß das Individuum zu der Totalität des Seins in ein Verhältnis treten könne. Wie sie nur das in Einzelwesen in Erscheinung tretende Sein kennt, so auch nur Beziehungen eines Einzelwesens zum anderen Einzelwesen." (GW2, S 372)

Damit die Mystik wahr werde, fordert Schweitzer, daß sich diese auf die Wirklichkeit ausdehne. Dann kann der Schritt vom rein intellektuellen Akt der Hingebung an die Totalität des Seins zur Hingebung an alles Sein in seinen Erscheinungen erfolgen.

(Weitere Erläuterungen finden sich im Abschnitt "Ergänzung zur Mystik")

Damit müßte offengelegt sein, daß in Resignation, die sich an das Absolute hinzugeben sucht, keinerlei Motive zu einem Wirken in dieser Welt gegeben sind.

Außerdem genügt die Hingebung an einen abstrakten und unvorstellbaren Inbegriff des Seins nicht dem allgegenwärtigen Willen zum Leben, dessen Wesen es ist, sich ausleben zu wollen. Die Hingebung an das Sein als Inhalt (!) der Selbstvervollkommnung kann sich folglich nur auf das unendliche Sein, welches in der Natur in unendlichen Erscheinungen auftritt, beziehen.

In der Hingebung an das unendliche, in der Natur erscheinende Sein "verwirkliche ich die geistige, innerliche Hingebung an das unendliche Sein und gebe meiner armen Existenz damit Sinn und Reichtum." (GW2, S 373)

Durch die Mystik der Wirklichkeit vermag nun die innere Einheit von Ethik der Hingebung und Ethik der Selbstvervollkommnung zutage zu treten.
Wenn sich der mystische Prozeß der Selbstvervollkommnung nicht bloß auf abstraktes Sein, sondern auch auf das wirkliche Sein bezieht, verfügt die Ethik der Selbstvervollkommnung über genügend Kraft, die Hingebung als Teil ihrer selbst zu einer aktiven zu machen.

2.1.5 Vollständige Ethik

"Worin also besteht vollständige Ethik? In Ethik der leidenden Selbstvervollkommnung und in Ethik der tätigen Selbstvervollkommnung." (GW2, S 361)

(Informationen über die Selbstvervollkommnung bei Schweitzer finden sich in dem gleichbezeichneten Abschnitt.)

Leidende Selbstvervollkommnung bedeutet das innerliche Freiwerden von der Welt, während die tätige Selbstvervollkommnung im ethischen Verhalten gegenüber der belebten Umwelt, also in der Hingebung an anderes Leben besteht.
In der lebendigen Hingebung an das lebendige Sein "liegen leidende und tätige Selbstvervollkommnung miteinander und ineinander beschlossen." (GW2, S 374)

Damit ist die Ethik vollständig.

"Die subjektiv, extensiv und intensiv ins Grenzenlose gehende Verantwortlichkeit für alles in seinen Bereich tretende Leben, wie sie der innerlich von der Welt frei gewordene Mensch erlebt und zu verwirklichen sucht: dies ist Ethik. Aus Welt- und Lebensbejahung entsteht sie. In Lebensverneinung verwirklicht sie sich." (GW2, S 374)

(Näheres über die Lebensverneinung findet sich im gleichlautenden Abschnitt)

An anderer Stelle heißt es über die Ethik:

"Ethik besteht also darin, daß ich die Nötigung erlebe, allem Willen zum Leben die gleiche Ehrfurcht vor dem Leben entgegenzubringen wie dem eigenen." (GW2, S 378)

Nunmehr vermag Schweitzer auch, das lang gesuchte Grundprinzip des Ethischen zu formulieren.
Es lautet:
"Hingebung an Leben aus Ehrfurcht vor dem Leben." (GW2, S 374)

Dieses Grundprinzip vermag sich, laut Schweitzer, mit der Wirklichkeit in stetiger, lebendiger, aber auch sachlicher Weise auseinanderzusetzen. Außerdem verfügt es in der Forderung zur Hingebung an Leben über ethischen Inhalt.
Es dürfte mittlerweile offensichtlich sein, worin die ethische Handlung tatsächlich begründet ist: im Streben nach Selbstvervollkommnung:

"Nicht aus Gütigkeit gegen andere bin ich sanftmütig, friedfertig und freundlich, sondern weil ich in diesem Verhalten die tiefste Selbstbehauptung bewähre." (GW2, S 385)

Schweitzer formuliert dasselbe Grundprinzip des Sittlichen jedoch auch in anderer Weise:

"Gut ist, Leben erhalten und Leben fördern; böse ist, Leben vernichten und Leben hemmen." (GW2, S 378)

(Näheres dazu findet sich im Abschnitt "Grundprinzip des Sittlichen".)
In der Formulierung des Grundprinzips des Sittlichen wird augenscheinlich, was bereits zuvor zu vermuten war: Schweitzers Ethik basiert auf einer Verabsolutierung des Lebens.

Quasi als periphäre Rechtfertigung für diesen Schritt führt Schweitzer die "gewöhnliche ethische Bewertung des Verhaltens der Menschen zueinander" (GW2, S 378) an, wo sich ebenfalls alles als "gut" Geltende auf geistige oder materielle Erhaltung oder Förderung von Menschenleben zurückführen läßt. Er freilich beschränkt sich nicht nur auf den Erhalt und die Förderung von menschlichen Leben.
Im umgekehrten Fall wird im allgemeinen Sprachgebrauch das als "böse" bezeichnet, was seinem letzten Wesen nach materielles oder geistiges Vernichten oder Hemmen von Menschenleben darstellt.

Dennoch stellt sich die Frage, ob diese Verabsolutierung des Lebens zulässig ist.
Einsichtig ist jedenfalls, daß Ethik Wertungen bezüglich schützungs- und förderungswürdiger Qualitäten voraussetzt. Und da Schweitzer erstens davon ausgeht, daß ein objektiver Sinn im natürlichen Weltgeschehen für den Menschen nicht erkennbar ist, und zweitens die uns erscheinende Wirklichkeit als den einzig relevanten Bezugspunkt des Menschen zum Sein erachtet, gelangt Schweitzer angesichts des Umstandes, daß in jedem belebten Wesen ein Wille zum Leben steckt, ja, daß jedes Leben Wille zum Leben ist, der nach der eigenen Selbstvervollkommnung strebt,

und daß dieser Drang zum Leben auch vom Menschen zu erkennen ist, zu der Auffassung, daß die einzige Möglichkeit des Menschen, seinem Leben einen Sinn zu verleihen, der ist, das Leben an sich und die Förderung des Lebens als absolute Werte zu setzen.
Zudem wären bloß relative ethische Werte wohl zu kraftlos, um auf Dauer dem menschlichen Denken zu genügen.

So erhebt auch Schweitzers Grundprinzip des Sittlichen absoluten Anspruch:

"Die Ethik der Ehrfurcht vor dem Leben erkennt keine relative Ethik an. Als gut läßt sie nur Erhaltung und Förderung von Leben gelten. Alles Vernichten und Schädigen von Leben, unter welchen Umständen es auch erfolgen mag, bezeichnet sie als böse." (GW2, S 387)

Solche Aussagen Schweitzers mögen dazu führen, daß seine Ethik von vielen Menschen als überfordernd und unverwirklichbar bezeichnet wird.
Man kann sich des Eindruckes nicht erwehren, daß es faktisch unmöglich ist, ethisch zu sein. Man kann selbst als vollkommnenster Mensch nicht ausschließlich Leben erhalten und fördern. Das ist undurchführbar.

Doch man darf Schweitzer nicht voreilig Unrecht tun. Zwar begeht er zum wiederholten Male die Unterlassung, zum ersten die Bedeutung seiner Begriffe zu erklären, und zum zweiten auf die Doppeldeutigkeit der verwendeten Ausdrücke hinzuweisen, aber dennoch liegt die Intention Schweitzers auf der Hand.

Einerseits nämlich ist böse nicht nur böse.
Schweitzer verwendet den Begriff der Schuld in mehrfacher Bedeutung.
(Zur Klärung dieser Problematik, die innerhalb der Ethik Schweitzers von entscheidender Bedeutung ist, sei auf den Abschnitt "Schuld" verwiesen.)

Andererseits darf die ethische Grundhaltung nicht als eine Art Titel aufgefaßt werden. Wenn man diesen einmal errungen hat, so trägt man ihn sein Leben lang mit sich herum.
Mit der Ethik im Sinne Schweitzers verhält es sich anders, ein analoges Beispiel soll der Anschaulichkeit dienen:

Lediglich der Umstand, daß man in einem Moment die Wahrheit spricht, wird nicht genügen, um auszuschließen, daß man zu einem späteren Zeitpunkt wieder lügt.
Die Sicherheit, daß man nie wieder der Versuchung erliegen wird, die Unwahrheit zu sprechen, gibt es nicht.
Und genau das ist der springende Punkt.
Man kann nichts anderes versuchen, als ständig darum zu ringen, in der Wahrheit zu bleiben.
 (Der unmittelbar auf diese Darstellung folgende Abschnitt beleuchtet übrigens den Aspekt der Dynamik im ethischen Ansatz Schweitzers.)

Daß der Absolutheitsanspruch der Hingebung bei Albert Schweitzer sich nicht auf die ethischen Handlungen, sondern bloß auf das Prinzip beziehen kann, sollte folgendes Zitat erhellen:
"Und wir wissen, die Menschen der Zukunft werden die sein, die ihre Gedanken in ihren Herzen sprechen lassen. Und so werden wir, was wir werden sollen: keine Übermenschen, sondern wirkliche Menschen mit dem Geiste einer tiefen Menschlichkeit." (GW5, S 167)

Schweitzer ist sich bewußt, daß der Mensch in den ethischen Konflikten nur subjektive, fehlbare Entscheide zu treffen imstande ist.
Ethische Wahrhaftigkeit hängt nicht vom Erfolg des ethischen Wirkens ab.

"Wirken wollend, darf sie [die Ethik] doch alle Probleme des Erfolges ihres Wirkens dahingestellt sein lassen. Bedeutungsvoll für die Welt ist die Tatsache an sich, daß in dem ethisch gewordenen Menschen ein von Ehrfurcht vor dem Leben und Hingebung an das Leben erfüllter Wille zum Leben in der Welt auftritt." (GW2, S 381)

Und weiter:
"Was das Wirken in dieser Gesinnung in der Evolution der Welt bedeutet, wissen wir nicht. Wir können dieses Wirken auch nicht objektiv reglementieren, sondern müssen die Gestaltung und Ausdehnung desselben ganz dem einzelnen anheimgestellt lassen." (GW2, S 110)

Man kann auch kein Leben retten. Sterben müssen wir alle.
Aber man kann den Willen zum Leben fördern, man kann Leid vermindern, und man kann der Gedankenlosigkeit so mancher unethischer Handlung entgegenzuwirken versuchen.
Relevant ist allein der aufrichtige Versuch, in der Gesinnung der Ehrfurcht vor dem Leben ethisch tätig zu werden.
Es dürfte freilich vonnöten sein, um die Gesinnung der Ehrfurcht vor dem Leben selbst ständig zu ringen, und zwar durch die unermüdliche Bewußtmachung des Umstandes, ein Teil des unendlichen, universellen Willens zum Leben auf dieser Erde zu sein.

2.2 Der Aspekt der Dynamik

In den Augen Schweitzers ist eine zur Ruhe gekommene Ethik, die keine großen Anforderungen an die Menschen stellt, eine kraftlose Ethik.
Mit dem Auftreten von "ethischen Phrasen" (vgl. GW2, S 143) geht die Ethik zugrunde.

"Wie der Baum Jahr für Jahr dieselbe Frucht, aber jedesmal neu bringt, so müssen auch alle bleibend wertvollen Ideen in dem Denken stets von neuem geboren werden." (GW1, S 232)

Die bloße Kenntnis wertvoller ethischer Ideen ist also zuwenig, um tatsächlich zur ethischen Persönlichkeit zu reifen.
Ethik kann niemals von außen in den Menschen gebracht werden.

Erneut kommt man auf die Aussage Schweitzers zurück, daß wahres Erkennen in Erleben übergeht.
Wertvolle Ideen müssen in einem innerlichen Prozeß höchstpersönlich erfahren und als wahr bestätigt werden.
Deshalb kann Schweitzer auch sagen: "Alles Nachdenken über Ethik hebt und belebt die ethische Gesinnung." (GW2, S 139), denn bloß in der aktiven Auseinandersetzung mit ethischen Problemen liegt die Möglichkeit zur persönlichen Erfahrung derselben begründet.

Wahre Ethik kann für Schweitzer niemals eine rationale und quantifizierbare Größe darstellen. Sie muß irrationalen, subjektiven und enthusiastischen Charakter haben, man kann sie deshalb auch nicht als "vernünftig" im engeren Sinne bezeichnen.
Ethik muß eine unlösbare Spannung zwischen Lebensbejahung und Lebensverneinung bedeuten. Das Maß der Hingebung ist dabei niemals quantifizierbar, sondern abhängig von der jeweiligen Situation, der Intensität der jeweils verspürten Verantwortung und dem Kontext der Situation.
Folgendes Zitat besticht durch seine präzise Aussage:

"Lebensverneinung bleibt etwas Irrationales, auch wenn sie sich in den Dienst von Zweckmäßigkeit stellt. Ein allgemeingültiger Ausgleich zwischen Lebensbejahung und Lebensverneinung läßt sich nicht aufstellen. Beide verharren in unausgesetzter Spannung miteinander. Tritt Entspannung ein, so ist dies ein Zeichen, daß die Ethik zugrunde geht. Ihrem Wesen nach ist sie grenzenloser Enthusiasmus. Wohl kommt sie aus dem Denken. Aber sie läßt sich nicht logisch durchführen. Wer die Fahrt zur wahren Ethik antritt, muß darauf gefaßt sein, in den Strudeln des Irrationalen herumgewirbelt zu werden." (GW2, S 357)

Ethik bedeutet also das ständige Ringen um die Ethik.
Je stärker man die Verantwortung für anderes Leben spürt, je intensiver der Schmerz ob der Notwendigkeit zu töten empfunden wird, je gewissenhafter und bewußter man unausweichlichen Entscheidungen, die zur Vernichtung oder Schädigung von Leben führen, entgegentritt, desto mehr ist man ethisch.
Man kann nicht absolut ethisch werden, und der Mensch muß mit

dem Umstand leben, daß er sich immer wieder an anderem Leben vergreifen wird und muß.

Aber ist es angesichts der "Selbstentzweiung des Willens zum Leben" überhaupt möglich, ethisch zu werden? Auch der Mensch ist dem natürlichen Geschehen unterworfen, selbst wenn er davon wissend werden kann. Die Loslösung kann vorerst nur geistiger Art sein und erst in Folge sich zu einer relativen Freiheit hinsichtlich des körperlichen Bereiches ausdehnen. Diese Möglichkeit zur bedingten körperlichen Loslösung von der Welt ist unbedingt als im Sinne Schweitzers zu bezeichnen, weil sich jede ethische Gesinnung ohne die geringste Chance, auch die eigenen Handlungen zumindest tendenziell dieser Gesinnung anzupassen, ziemlich nutzlos fühlen müßte.
Nun ist es offensichtlich, daß diese Möglichkeit zur körperlichen Loslösung von der Welt zwingend eine bedingte bleiben muß: Erstens ist unser aller Tod unumgänglich. Und zweitens:

"Um mein Leben zu erhalten, muß ich mich des Daseins, das es schädigt, erwehren. Ich werde zum Verfolger des Mäuschens, das in meinem Hause wohnt, zum Mörder des Insekts, das darin nisten will, zum Massenmörder der Bakterien, die mein Leben gefährden könnten. Meine Nahrung gewinne ich durch Vernichtung von Pflanzen und Tieren. Mein Glück erbaut sich aus der Schädigung der Nebenmenschen." (GW2, S 387)
Wie aber kann sich hier die Ethik behaupten?
Indem sie keine Kompromisse eingeht. Ein Kompromiß wäre es festzulegen, wieviel eigenes Glück ich auf Kosten anderen Daseins behalten darf. Doch die Entscheidung, alle Spinnen umbringen zu dürfen, weil diese dem eigenen Leben Schaden zufügen könnten und zudem das eigene ästhetische Bewußtsein beleidigen, darf niemals als ethisch bezeichnet werden.
Jede Vernichtung und Schädigung von Leben, unter welchen Umständen auch immer, macht schuldig. (Deutlich erkennt man an diesem Punkt den absoluten Aspekt der Ethik Schweitzers.)

Es darf niemals standardisierte Antworten auf ethische Konflikte geben, sondern die Ethik muß sich in ständiger Auseinandersetzung mit der Wirklichkeit befinden, es sind die subjektiven

Entscheidungen des jeweiligen Menschen in den ethischen Konflikten, die verlangt sind.
Wenn man gezwungen ist, schuldig zu werden, so muß man sich dieser Schuld auch bewußt sein und sie als schmerzhaft empfinden, dann vermag man trotz der Notwendigkeit, schuldig zu werden, in der Ethik zu bleiben.

"In der Wahrheit sind wir, wenn wir die Konflikte immer tiefer erleben. Das gute Gewissen ist eine Erfindung des Teufels." (GW2, S 388)

(Erneut sei auf den Abschnitt "Schuld", aber auch auf "Das gute Gewissen" verwiesen.)

Ethik jedenfalls stellt im Sinne Schweitzers eine lebendige, dynamische Auseinandersetzung mit den ethischen Konflikten der Wirklichkeit dar.
Aus diesem Grundsatz ergeben sich auch die Umstände, welche die wahre ethische Gesinnung zu unterbinden vermögen.

"Mit drei Gegnern hat sich die Ethik auseinanderzusetzen: mit der Gedankenlosigkeit, mit der egoistischen Selbstbehauptung und mit der Gesellschaft." (GW2, S 386)

Den ärgsten Feind der Ethik sieht Schweitzer in der Gedankenlosigkeit.
Denn diese läßt die Ethik ganz unmerklich verkümmern. Da man sich des Problems gar nicht bewußt wird, weil man sich eben im Zustand des Nicht- Reflektierens befindet, kommt es nicht einmal zu einem offenen Konflikt.

"Dies ist das verhängnisvolle Ausruhen, in welchem die Menschen und die Menschheit der Kultur absterben." (GW2, S 349)

Die Auswirkungen der Gedankenlosigkeit können also verheerend sein.
Aufgrund des bisher Erläuterten braucht man auf die absolute Unvereinbarkeit der Gedankenlosigkeit mit den Schweitzer'schen Vorstellungen von Ethik wohl nicht mehr gesondert eingehen.

Der Egoismus hingegen ist für die Ethik bei weitem nicht so gefährlich, wie man eigentlich annehmen möchte. Zum einen kann der Mensch viel Gutes vollbringen, ohne sich ein Opfer zumuten zu müssen. (vgl. GW2, S 386)
Zum anderen gewinnt man im Prozeß der innerlichen Loslösung von der Welt Abstand von den Dingen, bleibt aber dabei seinem eigenen Willen zum Leben in viel tieferem Sinne treu, da man sich als Teil des universellen Willens zum Leben erfaßt.

Man muß freilich ergänzen, daß sich die gewöhnliche egoistische Selbstbehauptung, die sich bloß auf den jeweils individuellen Willen zum Leben bezieht, sehr wohl der wahren ethischen Gesinnung in großem Maße abträglich sein dürfte.

Was die Gesellschaft als Gegner der wahren Ethik betrifft, so ist Schweitzer der Ansicht, daß die Gesellschaft nur in den seltensten Fällen imstande ist, auf die tatsächlichen, jeeigenen Bedürfnisse des Individuums einzugehen, weil sie meistens gezwungen sein wird, auf überindividuelle Bedürfnisse der Gesellschaft einzugehen. Da sie aber dadurch häufig die Prinzipien der Humanität verletzen wird, ist der Gesellschaftsethik die Zugehörigkeit zur wahren Ethik im Sinne Schweitzers abzusprechen.
(Es sei an dieser Stelle auf den Abschnitt "Gesellschaft und Humanität" verwiesen, wo diese Problematik behandelt wird.)

2.3 Normative Ethik

Man kann sich des Eindruckes kaum erwehren, daß es nicht möglich ist, die Schweitzer'sche Ethik als normative Ethik mit inhaltlichem Allgemeingültigkeitsanspruch zu bezeichnen, denn lediglich ein einziger Aspekt innerhalb seiner Ethik weist normativen Charakter auf. Es ist dies sein Grundprinzip des Sittlichen selbst, welches als unumstößlicher Maßstab zur sittlichen Bewertung dienen soll.

"Gut ist, Leben erhalten und Leben fördern; böse ist, Leben vernichten und Leben hemmen." (GW2, S 378)

Da aber auf diesem als absolut verbindlich formulierten Grundprinzip der gesamte Ansatz Schweitzers basiert, scheint es, als wäre dieser Ansatz somit doch zur normativen Ethik zu rechnen.

Gegen diese Annahme spricht allerdings vielerlei.
Erstens wird im Abschnitt "Schuld" dargelegt, daß der Schuldbegriff Schweitzers sehr wohl ein differenzierter ist.
Außerdem äußert Schweitzer, daß die Wirkung der Handlung in der Gesinnung der Ehrfurcht vor dem Leben in der Evolution der Welt dem Menschen uneinsichtig bleiben wird, wodurch erhellt, daß allein die Gesinnung der Handlung ausschlaggebend ist, wie auch der Abschnitt "Dynamik" ersichtlich machen sollte.
Zudem ist zu erwähnen, daß auch der Mensch es in vielen Situationen nicht vermag, sich über die "notwendige Notwendigkeit", den grausamen Dualismus zwischen Schöpferwillen und Zerstörerwillen, trotz gewissenhafter Gesinnung zu erheben.

Bei genauerer Betrachtung tritt folglich zutage, daß das absolute Grundprinzip sich in jeder Situation relativieren und differenzieren muß, wodurch es freilich einen großen Teil seiner Bedingungslosigkeit verliert.
Es ist jedoch anzunehmen, daß Schweitzer über die Eigentümlichkeiten des Absoluten Bescheid wußte.
Aber es blieb ihm nichts anderes übrig, als die Ethik der Hingebung als absolut anzusetzen, im Falle der Relativierung hätte er die Möglichkeit verloren, selbst im Falle der notwendigsten Notwendigkeit zu töten oder Leben für anderes Leben zu opfern, von einer Art "unvermeidlichen Restschuld" zu sprechen.
Wäre das Prinzip ein relatives, dann käme man dazu, unter bestimmten Voraussetzungen die Tötung bestimmter Lebewesen als gerechtfertigt zu billigen. Und dann könnte es von der Entscheidung mancher Menschen abhängen, unter welchen Voraussetzungen welche Lebewesen getötet werden dürfen.

Daß es unmöglich ist, die Gesinnung als innerliche Einstellung selbst zu einer Norm zu erheben, ist augenscheinlich.

Dennoch aber scheint es, als wäre zumindest der Forderung, aus der Gesinnung der Ehrfurcht vor dem Leben zu handeln, normativer Charakter zuzusprechen.
Doch auch diese Forderung selbst ist nicht als normativ zu bezeichnen, da Schweitzer im Grunde genommen gar keine Forderung stellt.

Schweitzer schildert und offenbart lediglich die Entwicklung eines Menschen zur ethischen Persönlichkeit in ihren von möglichen Irrwegen befreiten Abläufen als Prozeß der Selbstvervollkommnung, auch wenn eingestanden werden muß, daß er bisweilen den Tonfall eines Predigers nicht verhehlen kann und er mitunter zwischen Forderung und Beschreibung schwankt. Doch auch an Textstellen der bekenntnishaften Predigt ist es eigentlich die Gesinnung der Ehrfurcht vor dem Leben selbst, die dem Menschen bestimmte Verhaltensweisen abverlangt, wodurch ersichtlich werden sollte, daß es unmöglich ist, ihn als Prediger im Sinne von imperativen Sätzen zu bezeichnen.
Schweitzer möchte die Menschen bis zum Einsetzen des Prozesses der Selbstvervollkommnung hin geleiten. In der Begründung von Ethik möchte er den Menschen helfen, zur Erfahrung von Ethik zu gelangen.
Er spricht auch vom "Erleben der Ehrfurcht vor dem Leben":

"Wer dieses einmal erlebt hat und weitererlebt [...], der ist sittlich. [...] Wer es nicht erlebt hat, der hat nur eine angelernte Sittlichkeit, die nicht in sich gegründet ist, ihm nicht gehört, sondern von ihm abfallen kann." (GW5, S 125)

Wahre Sittlichkeit kann folglich nur als innerlicher Akt in den Menschen dringen und nicht von außen.
Das spricht aber gegen etwaige normative Absichten Schweitzers.
Er expliziert auch, daß wirkliche Ethik immer subjektiv und irrational enthusiastisch sein muß.

Des weiteren schreibt er: "Aber es hat sich ja bereits ergeben, daß die objektiv normative Ethik der Gesellschaft, wenn sie sich wirklich in der Art aufstellen läßt, nie die wirkliche Ethik, sondern nur ein Anhang zur Ethik ist." (GW2, S 363)

Wenn Schweitzer hier von einer normativen Ethik der Gesellschaft spricht, so ist einsichtig, daß normative Ethik immer nur in Verbindung mit Gesellschaft an den Tag treten kann.

Das bisher zu diesem Thema erörterte sollte offensichtlich machen, daß Schweitzers Ethik der ethischen Persönlichkeit mit normativer Ethik tatsächlich nicht in Einklang zu bringen ist.

3. Kapitel: Begriffserläuterungen

3.1 *Denknotwendigkeit*

Der Begriff der Notwendigkeit wird von Albert Schweitzer angesichts zweier verschiedener Aspekte verwendet.

Zum einen sagt er: "In unmittelbarer und absolut zwingender Weise führt das Denkendwerden über Leben und Welt zur Ehrfurcht vor dem Leben." (GW1, S 240)

Damit sollte klar werden, daß Schweitzer keineswegs der Ansicht ist, daß die Ehrfurcht vor dem Leben eine an sich immer schon notwendige Geisteshaltung sei. Vielmehr bedarf es der Hilfe des Denkens.
Ganz offensichtlich ist das Erleben der Ehrfurcht vor dem Leben nicht selbstverständlich.
Zwingend ist lediglich der Schritt vom Denkendwerden über Leben und Welt zur Gesinnung der Ehrfurcht vor dem Leben.
Was aber bedeutet "Denkendwerden über Leben und Welt" ?
Um diese Frage beantworten zu können, ist es nötig zu klären, was Schweitzer unter "Denken" versteht.

"Elementar ist das Denken, das von den fundamentalen Fragen des Verhältnisses des Menschen zur Welt, des Sinnes des Lebens und des Wesens des Guten ausgeht."
(Näheres im Abschnitt "Elementares Denken")

Schweitzer geht so weit, daß er zwischen "Denken" und "als Denken auftretende Gedankenlosigkeit" differenziert. (GW1, S 241)
Nur das Denken, das sich mit dem Geheimnisvollen des Lebens und der Welt beschäftigt, das elementare Denken also, bezeichnet er im engeren Sinne als Denken.

Nach Schweitzers eigener Definition kann man somit im Grunde genommen lediglich über Leben und Welt denkend werden.

Was die Ergebnisse dieses Denkens anbelangt, schreibt Schweitzer:

"Wird unser Wille zum Leben über sich und die Welt denkend, so gelangen wir dazu, das Leben der Welt, soweit es in unseren Bereich tritt, in dem unseren zu erleben und unseren Willen zum Leben durch die Tat an den unendlichen Willen zum Leben hinzugeben." (GW1, S 238)

Schweitzer unterläßt es allerdings anzugeben, wann sich dieses Erlebnis, an dem man das Leben der Welt in dem eigenen erlebt, einstellen wird, aber diese Frage ist in allgemeingültiger Weise wohl auch nicht zu klären.
Daß sich aus einem solchen Erlebnis die Gesinnung der Ehrfurcht vor dem Leben ableiten läßt, mag einleuchtend sein.
Es stellt sich nunmehr die Frage, ob man bloß durch elementares Denken mit Sicherheit zu diesem Erlebnis gelangen wird.
An diesem Punkt stellt Schweitzer klar, daß das "Für-sich-selbst-dahinleben" natürlich um vieles einfacher und bequemer ist. Das Dasein des Menschen der sich zu elementarem Denken entschlossen hat, "wird dadurch in jeder Hinsicht schwerer, als wenn er für sich lebte." (GW1, S 240)
Außerdem führt das Denken in einem Fall nicht zwingend zu der Gesinnung der Ehrfurcht vor dem Leben. Dann nämlich, wenn der denkend gewordene Mensch das Denken einfach wieder unterläßt.

"Will der einmal denkend gewordene Mensch in dem Dahinleben verharren, so kann er dies nur dadurch, daß er sich, wenn er es über sich bringt, wieder der Gedankenlosigkeit ergibt und sich in ihr betäubt. Verbleibt er im Denken, so kann er zu keinem anderen Ergebnis als zur Ehrfurcht vor dem Leben kommen." (GW1, S 240)

Vom Denken verlangt Schweitzer nun die Leistung, "uns von ethischen Regungen zu einer denknotwendigen Ethik gelangen zu lassen." (GW2, S 341)

Indem Schweitzer dem Menschen die Möglichkeit zuspricht, den ethischen Weg nicht zu bestreiten, entschärft er den unbedingten Charakter des Wortes "zwingend".

Sollte jedoch das Denken unbeirrt seinen Weg gehen, dann werden sich die Fortschritte zwingend ergeben.

"Ethik entsteht dadurch, daß ich die Weltbejahung, die mit der Lebensbejahung in meinem Willen zum Leben natürlich gegeben ist, zu Ende denke und zu verwirklichen suche." (GW2, S 375)

Als zwingend ist bei Schweitzer folglich die Beschaffenheit des Fortschrittes zu bezeichnen, jedoch nur unter der Voraussetzung, daß überhaupt ein Fortschritt gemacht wird.

Daraus erhellt, daß Schweitzers Verwendung des Begriffes "zwingend" mißverständlich und ungenau ist, da eben dieses Wort die Möglichkeit der Bedingung nicht in sich enthält.

Die Art des Fortschrittes entzieht sich allerdings in jedem Fall der intellektuellen Überprüfbarkeit, denn bloß in der innerlichen und je eigenen Erfahrung des Menschen kann sich die Möglichkeit eröffnen, die Richtigkeit dieser Thesen entweder als bestätigt oder als widerlegt zu erkennen.
Dieser Prozeß ist jeweils nur einer individuellen Betrachtung a posteriori zugänglich.
Schon an früherer Stelle, in dem Abschnitt "Der Aspekt der Dynamik", wird die Notwendigkeit dieser Selbsterfahrung beziehungsweise auch die Gefahr der Möglichkeit, den ethischen Weg zu verweigern, augenscheinlich.

Um auf den zweiten als unbedingt dargestellten Aspekt in der Ethik Albert Schweitzers eingehen zu können, muß man vorerst zwischen "zwingend" und "denknotwendig" unterscheiden. Zwingend ist ein Prozeß dann, wenn er in jedem möglichen Fall eintreten wird, denknotwendig hingegen bedeutet einen nicht anders verlaufen könnenden Gedankenschritt innerhalb eines Individuums, der aber in irgendeiner Weise auch dem Bewußtsein zugänglich sein muß.
Denknotwendig ist also, wenn menschliches Denken in einer bestimmten Situation genau zu einem und keinem anderen Ergebnis kommen kann.
Nun bezeichnet Schweitzer die Hingebung an das Leben aus Ehrfurcht vor dem Leben als denknotwendiges Grundprinzip des

Sittlichen. (GW2, S 374)
Da aber der Anfang des Sittlichen gemäß Schweitzer erst in der Ehrfurcht vor dem Leben selbst liegt, kann die Denknotwendigkeit des Prinzipes erst dann Notwendigkeit werden, wenn diese Ehrfurcht bereits empfunden wurde, und das setzt wiederum, so scheint es zumindest, einen gewissen Grad an Selbstvervollkommnung voraus.

Was also die Denknotwendigkeit des Grundprinzips des Sittlichen in der Ethik des Albert Schweitzer betrifft, so dürfte die Aussage zulässig sein, daß aus der bereits erfahrenen Gesinnung der Ehrfurcht vor dem Leben denknotwendig das Grundprinzip des Sittlichen entspringt, welches von Schweitzer in folgender Weise formuliert wird: "Gut ist, Leben zu erhalten und zu fördern; schlecht ist, Leben zu vernichten und zu hemmen." (GW2, S 378)

Lediglich den Schritt von der Gesinnung zu dem sich daraus ableitenden Grundprinzip bezeichnet Schweitzer als denknotwendig.
Gemäß Schweitzer dürfte sich somit die Gesinnung der Ehrfurcht vor dem Leben zu dem Grundprinzip des Sittlichen genau so verhalten, wie ein Fundament zu seiner Folge.

Es ist nunmehr zu klären, ob sich aus der Gesinnung der Ehrfurcht vor dem Leben das obig erwähnte Grundprinzip des Sittlichen tatsächlich denknotwendig ergibt.

Da aber in dem Begriff "Ehrfurcht vor dem Leben" allein das Leben und die Förderung von Leben als Werte gesetzt werden und der Begriff zudem eine demütige Haltung gegenüber dem Leben impliziert, so muß man sich in dieser Gesinnung genötigt sehen, bei der Wahl zwischen Leben und Tod das Leben zu wählen und auch, angesichts gefährdeten Lebens, helfend einzugreifen. Außerdem wird man bestrebt sein, die Qualität und Intensität des Lebens in den Bereichen wo es möglich erscheint, zu erhöhen.
Ob die Gesinnung allein die Kraft hat, ethisch tatsächlich tätig zu werden, hat mit Denknotwendigkeit nichts zu tun und wird auch an anderer Stelle abgehandelt.
Die Aussage jedoch, daß sich die Ableitung des Grundprinzips aus

der Gesinnung der Ehrfurcht vor dem Leben denknotwendig ergibt, hat ihre Berechtigung.
Fraglich erscheint noch, welche Bedeutung der bewußtseinsabhängige Charakter des Begriffes "Denknotwendigkeit" für die Ethik Schweitzers hat. An diesem Punkt stößt man auf Schwierigkeiten.

Denn erstens spricht Schweitzer von der Unterschiedslosigkeit zwischen dem Wissen des Gelehrten und dem Wissen des "alten Landmanns, der kaum lesen und schreiben kann" (GW5, S 123), und zweitens schreibt er, sich des Augenblickes erinnernd, da ihm im Jahre 1915, also mit bereits 40 Jahren, der Ausdruck der Ehrfurcht vor dem Leben zu Bewußtsein gekommen ist:

"Da kam ich, in meiner großen Müdigkeit und Verzagtheit plötzlich auf das Wort "Ehrfurcht vor dem Leben", das ich, soviel ich weiß, nie gehört und nie gelesen hatte. Alsbald begriff ich, daß es die Lösung des Problems, mit dem ich mich abquälte, in sich trug."
(GW5, S 181)
Es scheint, als handelte es sich bei dem Begriff der "Ehrfurcht vor dem Leben" lediglich um die äußere Form eines Inhaltes, der in Schweitzer bereits zuvor vorhanden war, ohne daß er eine zulängliche Bezeichnung dafür gefunden hatte.
Eine Gesinnung als innerliche Geisteshaltung mag durch Worte zwar beschrieben und umschrieben werden, die Gesinnung selbst aber kann nicht von ihrer Bezeichnung abhängig sein.

Somit dürfte ersichtlich sein, daß der Begriff der "Ehrfurcht vor dem Leben" nicht unbedingt Einzug ins denkende Bewußtsein eines Menschen gehalten haben muß, um diesem zu ermöglichen, ehrfürchtig vor dem Leben zu sein.
Damit aber erhellt, daß Schweitzer auch den Begriff der Denknotwendigkeit in absolut mißverständlicher Weise anwendet, da im allgemeinen Sprachgebrauch das Wort "Denken" wohl eher mit dem explizitem Bewußtsein eines Menschen in Verbindung gebracht wird, als mit einem ursprünglicherem Wissen des Menschen, welches gegebenenfalls (abhängig vom Grad der Selbstvervollkommnung) eben auch vor seiner Ausformulierung gewußt werden kann.

Dieses Wissen aber dürfte gemäß Schweitzer dem Menschen auch jenseits der intellektuellen Erkenntnis in ursprünglicher Weise seit jeher bekannt sein.

3.2 Elementares Denken

Elementar ist das Denken gemäß Schweitzer dann, wenn es die Frage des Verhältnisses des Menschen zur Welt in seinen Mittelpunkt stellt.
Schweitzer möchte die Frage nach dem Sinn des Lebens wieder als zentralen Punkt innerhalb des Bewußtseins der Menschen sehen.

"So haben wir die Menschen von heute wieder zu elementarem Nachdenken über die Frage, was der Mensch in der Welt ist und was er aus seinem Leben machen will, aufzurütteln." (GW2, S 127) Mehr und mehr spürt Schweitzer in der abendländischen Philosophie die Tendenz zu unelementarem Denken.
Und auch wenn Metaphysik und Erkenntnistheorie ihren Wesen zufolge die Frage nach dem Verhältnis des Menschen zur Welt zum Inhalt haben, so sind sie doch von Schweitzers Begriff des "elementaren Denkens" abzugrenzen.

Denn die Metaphysik spekuliert im allgemeinen über das Wesen des Universums an sich, das heißt jenseits der Erscheinung des Wesens des Universums.
Diese Spekulationen sind aber größtenteils irrelevant, da sie niemals zu verbindlichen Aussagen führen können.

Die Resultate der Forschung der Erkenntnistheorie wiederum sind laut Schweitzer nicht imstande, das Wesentliche der Welt- und Lebensanschauung zu berühren.
Die Erkenntnistheorie geht an den elementaren Fragen, wie etwa der Frage nach dem Sinn des Lebens, vorbei, da jede intellektuelle Erkenntnis lediglich zu pessimistischer Welt- und Lebensanschau-

ung führen müßte, da eben für den Menschen kein objektiver Sinn in dieser Welt erkennbar ist.
Nur das elementare Denken vermag auf direktem Wege zu befriedigender Auskunft über Weltanschauung und über Lebensanschauung zu gelangen.
Das elementare Denken sperrt sich aber keinesfalls gegen die Metapyhsik oder die Resultate der Erkenntnistheorie. Es vemeidet jedoch, "Nebenpfade zu begehen." (GW2, S 102)

"Es [das elementare Denken] sucht nicht Metaphysik, meinend, damit zu Weltanschauung zu gelangen, sondern es sucht Weltanschauung und nimmt mit, was dabei an Metapyhsik herauskommt. In jeder Hinsicht bleibt es elementar." (GW2, S 102)

Und weiter heißt es:
"Den erkenntnistheoretischen Untersuchungen über das Wesen von Raum und Zeit bringt sie [die Ethik] ein großes, aber uninteressiertes Wohlgefallen entgegen." (GW2, S 356)

Zu erwähnen ist noch, daß die Errichtung eines einheitlichen und abgeschlossenen Weltanschauungssystems nicht das Ziel des elementaren Denkens sein kann, da in der Sicht Schweitzers ein abgeschlossenes Weltanschauungssystem gar nicht aufzustellen ist, weil Weltanschauung in befriedigender Weise erst der Lebensanschauung entspringen kann (hier wird der dynamische Charakter der Weltanschauung offensichtlich), wie bereits erörtert wurde.
Ergänzend sei noch hinzugefügt, daß elementares Denken in keiner Weise von Vorbildung oder vom vielgerühmten Intelligenzquotienten abhängig ist.
Wissend ist der, der von dem Geheimnis des sich überall regenden Willens zum Leben erfüllt ist.

"Alles Wissen ist zuletzt Wissen vom Leben und alles Erkennen Staunen über das Rätsel des Lebens." (GW5, S 123)

Somit vermag ein Ungelehrter wissender zu sein als ein Gelehrter.
Anhand des bislang Besprochenen sollte die Beschaffenheit des "elementaren Denkens" im Sinne Albert Schweitzers ersichtlich werden.

3.3 Ergänzung zur wahren Resignation

Bezüglich der wahren Resignation ist noch zu bemerken, daß es den Anschein erwecken muß, als könnte für Schweitzer die wahre Resignation nur unter der Voraussetzung der tiefen Welt- und Lebensbejahung entstehen. Konsequenterweise müßte man aber auch den Menschen, die in ihrer Einsicht der objektiven Sinnlosigkeit der Welt zu dem Schluß kommen, daß es erstrebenswert wäre, den Willen zum Leben absterben zu lassen, obgleich das wider das Wesen des Willens zum Leben wäre, die Möglichkeit zusprechen, zur innerlichen Freiheit von den äußeren Umständen zu gelangen. Und bei genauerer Betrachtung gesteht Schweitzer auch unter anderem der Bewegung der Stoa, der Philosophie des Lao Tse, dem Buddhismus und dem Brahma-nismus die Tiefe der wahren Resignation durchaus zu.
Da sie allerdings in Folge in Tatenlosigkeit verweilen, spricht Schweitzer von der ethischen Kraftlosigkeit dieser Bewegungen, soviel Wahrheit sie auch in sich bergen mögen.

Da eine pessimistische Weltanschauung sich zudem in Widerspruch zum Wesen des universellen Willens zum Leben befindet, wird der Begriff der wahren Resignation von Schweitzer lediglich in Verbindung mit Welt-und Lebensbejahung, sprich der Bereitschaft, in dieser Welt tätig zu wirken, angewendet.

3.4 Hingebung; Selbstvervollkommnung

Schweitzer unterscheidet zunächst zwei Aspekte der Hingebung. Erstens die Hingebung an den eigenen Willen zum Leben und zweitens die Hingebung an anderen Willen zum Leben.

"Nur der, der in vertiefter Hingebung an den eigenen Willen zum Leben innerliche Freiheit von den Ereignissen erfährt, ist fähig,

sich in tiefer und stetiger Weise anderm Leben hinzugeben." (GW5, S 123)
Hier differenziert Schweitzer die Hingebung an den eigenen Willen zum Leben.
Hingebung an den eigenen Willen zum Leben besteht schon in der unbefangenen Lebensbejahung. Diese Art der Lebensbejahung beschränkt sich aber auf das eigene Leben.
Vertiefte Hingebung an den eigenen Willen zum Leben setzt die bereits erfolgte Einsicht in die Universalität des Willens zum Leben voraus.

Die Hingebung an das eigene Leben geht also der Hingebung an fremdes Leben voraus.
Hingebung an das eigene Leben aber kann nichts anderes bedeuten, als das eigene Leben zu fördern, es auf seinen höchsten Wert zu bringen, das heißt, den Prozeß der Selbstvervollkommnung zu fördern.
Diese vertiefte Förderung des eigenen Lebens wird erst durch Hingebung an anderes Leben ermöglicht, doch sei diese Hingebung an anderes Leben auf das schärfste von jeglichem Märtyrertum unterschieden.
Die vertiefte Hingebung ist auch gar nicht mehr Einschränkung, sondern in der "Aufhebung des Fremdseins zwischen uns und den anderen Wesen" (GW5, S 124) vielmehr Erweiterung des rein egoistischen Ichs in der Annäherung des eigenen Willens zum Leben an den eigenen Willen zum Leben, auf daß er mit sich selber wahr werde. (Das ist kein Druckfehler.)

Freilich mag an diesem Punkt leicht der Eindruck der Überforderung entstehen.
Nur wenige Menschen werden überhaupt die Möglichkeit haben, ihre eigenen ethischen Anlagen in so hohem Maße zu entwickeln, und nur wenige werden tatsächlich gewillt sein, die Hingebung an anderes Leben bis zu dem Punkt voranzutreiben, wo diese nicht mehr als Einschränkung, sondern als Erweiterung des eigenen Ichs angesehen wird.

Doch wenn man sich den letzten Satz genauer überlegt, so wird man zu dem Schluß kommen, daß von einer Überforderung in

keiner Weise die Rede sein kann!
Schweitzers Forderung nach Hingebung an anderes Leben bezieht sich niemals auf Handlungen aus äußeren Antrieben. Er verlangt nicht die ethische Handlung, die ausgeführt wird, bloß um den Erfordernissen der Inhalte des jeweils anerkannten ethischen Verständnisses zu genügen.
Das Maß der Hingebung an anderes Leben ist objektiv nicht reglementierbar. Jede Hingebung an anderes Leben, die der erfahrenen (!) Gesinnung der Ehrfurcht vor dem Leben entspringt, ist an sich ethisch, obgleich natürlich in der Handlung die größtmögliche Hingebung innerhalb dieser Gesinnung angestrebt wird, denn das Streben nach der Optimierung der praktischen Hingebung ist der Gesinnung immanent.

Über das Maß der Hingebung sagt Schweitzer:
"Auch hinsichtlich des Verhaltens zu Menschen wirft uns die Ethik der Ehrfurcht vor dem Leben in erschreckend unbegrenzte Verantwortung. Wieder bietet sich keine Lehre über den Umfang der erlaubten Selbsterhaltung; wieder heißt sie uns, uns in jedem Falle mit der absoluten Ethik der Hingebung auseinanderzusetzen. Nach der Verantwortung, die ich in mir erlebe, muß ich entscheiden, was ich von meinem Leben, meinem Besitze, meinem Rechte, meinem Glück, meiner Zeit, meiner Ruhe hingeben muß und was ich davon behalten darf." (GW2, S 390)

Das Wort "erschreckend" klingt mißverständlich. Ebenso werden wohl einige Beispiele Schweitzers von der praktischen Anwendung seiner Ethik von vielen Lesern als Überforderung aufgefaßt werden, man darf hier nicht vergessen, das sein persönliches ethisches Empfinden sehr stark ausgeprägt gewesen sein dürfte, womit er auch an sich selbst sehr hohe Ansprüche stellen mußte.
Dennoch sollte man berücksichtigen, daß Schweitzer Philosoph war. Es ist anzunehmen, daß ihm die genaue Bedeutung des Wortes "Grenzenlosigkeit" sehr wohl bewußt war.

"Die subjektive, extensiv und intensiv ins Grenzenlose gehende Verantwortung für alles in seinen Bereich tretende Leben, wie sie der innerlich von der Welt frei gewordene Mensch erlebt und zu verwirklichen sucht: dies ist Ethik."

Damit ist es definitiv. Die Ethik der Hingebung kennt keine Grenzen. Weder extensiv, noch intensiv. Das bloße Streben nach größtmöglicher Hingebung steht dazu in keinem Widerspruch. Außerdem wird erneut deutlich, daß das Erleben der Verantwortung für anderes Leben von der innerlichen Loslösung von der Welt, der wahren Resignation, abhängig ist.

Ob man dabei das Grundprinzip des Sittlichen, die Ehrfurcht vor dem Leben, intellektuell erkannt und ausformuliert hat oder nicht, spielt hierbei keine Rolle. Ausschlaggebend ist die Gesinnung und nicht die äußere Form der Gesinnung. Somit ist diese Gesinnung einem Ungelehrten zumindest genauso zugänglich wie einem Gelehrten. (siehe Abschnitt "Elementares Denken")
Und wenn einer auch nur die bescheidenste Hingebung an anderes Leben in der Gesinnung der Ehrfurcht vor dem Leben zu geben vermag, denn was er mehr gäbe, würde nicht mehr der Gesinnung entsprechen, so handelt er ethisch.

"Daher meine ich, daß sich auch keiner zwingen soll, mehr von seinem inneren Leben preiszugeben, als ihm natürlich ist." (GW1, S 307)

Im Übrigen sei erwähnt, daß Schweitzer, wie schon an früherer Stelle erwähnt, im Grunde genommen gar nicht fordert, sondern lediglich den Prozeß zur Entwicklung der ethischen Persönlichkeit darstellt.
Nicht er fordert, sondern die Gesinnung der Ehrfurcht vor dem Leben, und daß Gesinnung lediglich etwas Innerliches darstellen kann, braucht wohl nicht näher erläutert zu werden.

Wenn man folglich auch bei erstem Durchlesen den Eindruck bekommen mag, daß Schweitzers Ethik bezüglich Selbstvervollkommnung und Hingebung in unzulässiger Weise zugunsten der Hingebung gewichtet wäre, da er die Selbstvervollkommnung nur selten explizit erwähnt, sie stillschweigend zu übergehen scheint, so wird man nunmehr erkennen, daß von einer etwaigen Einseitigkeit keine Rede sein kann, da eben die Hingebung erst dann ein freiwilliger und aus sich selbst kommender Akt zu werden vermag, wenn der Wille zum Leben "denkend über sich selbst und sein

Verhältnis zur Welt wird" (GW2, S 106), und dies durchaus ein objektiv nicht bestimmbares Maß an Selbstvervollkommnung voraussetzt, wenn dieser Prozeß nicht überhaupt als Prozeß der Selbstvervollkommnung des Menschen angesehen werden muß.
Außerdem unterscheidet Schweitzer, ähnlich wie bei der Selbstvervollkommnung, zwischen "Hingebung" und "Ethik der Hingebung". Der Begriff "Hingebung" beinhaltet geistig-innerliche Hingebung passiver Art, wobei diese nur an das Sein an sich gerichtet sein kann, während "Ethik der Hingebung" in Bezug zu einer passiven und aktiven Hingebung an in dieser Welt erscheinendes Leben steht.

Geistig-innerliche Hingebung vermag sich nämlich einerseits auf das Prinzip des Seins und andererseits auf alles erscheinende Sein zu richten. Beide Arten zusammen vervollständigen die geistig-innerliche Hingebung.
Der Bereich, der sich auf das Sein an sich bezieht, ist als geistig zu bezeichnen und vermag bezüglich der Wirklichkeit über eine passive Hingebung nicht hinwegzukommen.
Die geistig-innerliche Hingebung an alles erscheinende Sein aber vermag sich in aktiver Weise zu verwirklichen, und zwar in der aktiven Hingebung an alles in dieser Welt erscheinende Sein, wobei die aktive Hingebung an alles lebendige Sein den ethischen Bereich der aktiven Hingebung darstellt, wodurch freilich der Bereich der unbelebten Natur weder als ethisch noch als rein geistig im Sinne des Seins an sich bezeichnet werden kann.
"Ethik der Hingebung" stellt somit den ethischen Aspekt der universellen Hingebung dar.

Hingebung jedenfalls entspringt der Selbstvervollkommnung und erfolgt in verstärktem Maße im Zuge der Selbstvervollkommnung. Diese aber erfolgt selbst nicht mit Notwendigkeit, sondern muß aus eigenen Antrieben durch elementares Denken entstehen. Der Fortgang der Entwicklung sollte bereits im zweiten Kapitel ersichtlich geworden sein.

Notwendig ist es noch, auf den Wirkungsbereich der Hingebung zu sprechen zu kommen.
Traditionelle ethische Ansätze neigen dazu, den Aspekt der tätigen

Hingebung auf das Verhältnis des Menschen zu den Menschen zu beschränken, weil sich das ethische Verhalten zu Tieren aufgrund des häufig vertretenen Grundsatzes, daß es Abstufungen der Wertigkeit von Leben gäbe, nur schwer in ein rationales Verhältnis einordnen läßt.
Tatsächlich wird der Mensch eine Motte wohl nur in den seltensten Fällen mit der gleichen positiven Aufmerksamkeit behandeln wie den eigenen Hund.

Ein Maßstab wäre angesichts der Vielzahl von Tierarten, nur schwerlich zu finden. Einfacher wäre es da, zwischen dem Menschen und der übrigen belebten Natur zu unterscheiden und dann, sei es auch bloß in der Theorie, alle Menschen dem Wert nach gleichzusetzen. Dieses Vorgehen wäre im Sinne Schweitzers freilich verfehlend, da sich dadurch der Mensch eines großen Teils seiner Verantwortung gegenüber allem Leben entledigen könnte.
Gemäß Schweitzer aber kann Ethik lediglich subjektiven, enthusiastischen und irrationalen Charakters sein, wodurch sein Begriff der Hingebung sich die Möglichkeit erhält, universell zu bleiben, ohne in der praktischen Handhabung in Widersprüchlichkeiten zu verfallen.
(Näheres dazu findet sich im Abschnitt "Wertigkeit")

Es sei erwähnt, daß der Universalität der Hingebung bei Schweitzer aufgrund der Gesinnung der Ehrfurcht vor dem Leben begriffsimmanente Grenzen gesetzt sind.
Hingebung aus Ehrfurcht vor dem Leben vermag sich nicht auf die unbelebte Natur zu beziehen.
(Schweitzers Aussage, "daß nämlich alles Sein Leben ist..." (Die Weltanschauung der indischen Denker, S 211) muß derzeit als metaphysische Spekulation bewertet werden und wird aus diesem Grund in vorliegender Arbeit nicht weiter verfolgt.)

Unter welchen Umständen der Aspekt der Hingebung bei Schweitzer als absolut zu bezeichnen ist und inwiefern dieser Absolutheitsanspruch auch seine Berechtigung hat, wird im Abschnitt "Schuld" abgehandelt.

3.5 Selbstvervollkommnung

Der Drang nach Selbstvervollkommnung liegt im Wesen des Menschen. Selbstvervollkommnung ist das Streben des Menschen nach dem wahren Verhältnis zum Sein.

"...weil Selbstvervollkommnung in nichts anderem bestehen kann als darin, daß der Mensch in das wahre Verhältnis zum Sein, das in ihm und außer ihm ist, komme." (GW2, S 366)

Gemäß Albert Schweitzer ist nun das wahre Verhältnis zum Sein lediglich in aktiver und passiver Hingebung an das Sein zu erlangen. Hingebung an das Sein kann nicht nur passive Hingebung an das Sein bedeuten. Um vollständig zu werden, muß eben auch dem Bereich der tätigen Hingebung Genüge getan werden.
Da aber der Mensch in dieser Welt keinen Zugang zum Sein an sich besitzt, sondern lediglich zu den Erscheinungen des Seins, kann aktive Hingebung an das Sein bloß Hingebung an alle Erscheinungen des Seins bedeuten.

Die Ethik der Selbstvervollkommnung gliedert sich nun in zwei Aspekte: erstens in die Ethik der leidenden Selbstvervollkommnung im innerlichen, passiven Freiwerden von der Welt (Resignation), und zweitens in die Ethik der tätigen Selbstvervollkommnung im ethischen Verhalten von Mensch zu Mensch, oder besser von Mensch zu Leben. (vgl. GW2, S 360)
Da die Ethik der tätigen Selbstvervollkommnung im ethischen Verhalten von Mensch zu Mensch nur in Welt- und Lebensbejahung möglich ist, steht sie natürlich in einem Spannungsverhältnis zur Ethik der leidenden Selbstvervollkommnung, die einen rein innerlichen Prozeß darstellt.
Der eigene Wille zum Leben trachtet, mit sich selbst wahr zu werden, indem er die Freiheit von der Welt durch Loslösung von den äußeren Umständen anstrebt.
Es gehört aber ebenso zum Wesen des Willens zum Leben, daß er sich ausleben und in höchstmöglicher Vollkommenheit verwirklichen will.
Die innerliche Loslösung von den äußeren Umständen allein

beinhaltet aber keinerlei Motive für tätiges Handeln in der Welt und bedeutet stark herabgesetzte Aktivität.
Das Problem, weshalb die traditionelle Ethik der Selbstvervollkommnung nur zu einer passiven Hingebung an das Sein gelangt, liegt also für Schweitzer in der Unzulänglichkeit der einseitigen Betrachtungsweise.

Vollständige Ethik besteht "in Ethik der leidenden Selbstvervollkommnung und in Ethik der tätigen Selbstvervollkommnung". (GW2, S 361)

Schweitzer versucht, die innerliche Zusammengehörigkeit zwischen Hingebung und Selbstvervollkommnung offenkundig zu machen.
Wenn man nun die Bedeutung der Begriffe "Hingebung an den universellen Willen zum Leben", "leidende Selbstvervollkommnung" und "tätige Selbstvervollkommnung" genauer betrachtet und einander gegenüberstellt, kann man die Zusammenhänge leicht erkennen.

Selbstvervollkommnung kann nur im wahren Verhältnis des Menschen zum Sein bestehen, und dieses ist lediglich durch aktive und passive Hingebung an das Sein zu bewerkstelligen und eben nicht nur durch passive Hingebung, wie bereits zuvor erläutert.
Indem man den Begriff der Selbstvervollkommnung nun aufgliedert, wird die inhaltliche Nähe und die gegenseitige Bedingtheit zwischen der leidenden Selbstvervollkommnung in der passiven, innerlichen Hingebung an das Sein und der tätigen Selbstvervollkommnung in der aktiven Hingebung an das Sein deutlich erkennbar.
Man kann sagen, daß sich die leidende und tätige Selbstvervollkommnung des Menschen nur in aktiver und passiver Hingebung an alles Sein vollziehen können.

Somit ist die ethische universelle, aktive Hingebung an alles Leben, sowohl an das eigene als auch an alles andere, als bedeutender Bestandteil der Selbstvervollkommnung aufzufassen.

An dieser Stelle sei erneut auf den Unterschied zwischen "Selbstvervollkommnung" und "Ethik der Selbstvervollkommnung" hingewiesen. "Ethik der Selbstvervollkommnung" beinhaltet lediglich den ethischen Aspekt der Selbstvervollkommnung, die selbst aber keineswegs ausschließlich ethischer Beschaffenheit ist.

Freilich bezieht sich Schweitzer in seinem ethischen Ansatz größtenteils auf eben diesen ethischen Aspekt der Selbstvervollkommnung.

Die Selbstvervollkommnung als aktive und passive Hingebung an alles Sein bleibt freilich universeller als die aktive und passive Hingebung an alles Leben, da sie zum einen bezüglich ihres aktiven Aspektes gemäß ihrer Definition auch das Verhältnis zur unbelebten Natur in sich birgt und die Hingebung an alles Leben im Sinne Schweitzers der Ethik genüge zu tun vermag.

Zum anderen stellt die tätige Hingebung an alles Leben bloß die äußere Verwirklichung der passiven innerlich-geistigen Hingebung an das Leben dar, vermag aber damit freilich, diese zu vervollständigen.
Der Prozeß der Selbstvervollkommnung ist demnach nicht ausschließlich, aber dennoch wesentlich ethischer Natur.

Schweitzer schreibt:
"Ethik ist die auf die innerliche Vollendung seiner Persönlichkeit gerichtete Tätigkeit des Menschen." (GW2, S 85)

Und weiter:
"Dem [Teil des unendlichen Seins] aber, was in meinen Bereich kommt und was meiner bedarf, mich hingebend, verwirkliche ich die geistige, innerliche Hingebung an das unendliche Sein und gebe meiner armen Existenz damit Sinn und Reichtum." (GW2, S 374)

In zweifacher Weise drückt sich Schweitzer hier mißverständlich aus: Erstens, weil er, seinem Grundprinzip des Sittlichen gemäß, der Ethik in Hingebung an alles Leben Genüge getan sieht, trotzdem aber häufig von "Hingebung an das unendliche Sein" spricht, wodurch der Bereich der unbelebten Natur scheinbar nur in ungenügender Weise in die Schweitzer'schen Termiologie eingegliedert werden kann.
Verständlich wird dieser Umstand, wenn man bedenkt, daß sich

Selbstvervollkommnung sehr wohl auf das Sein bezieht, der Aspekt der ethischen Selbstvervollkommnung aber bloß den unendlichen Willen zum Leben zum Inhalt haben kann.
Daraus wird ersichtlich, daß Schweitzer es nicht vermag, irgendeine Tätigkeit bezüglich der unbelebten Natur abzuleiten, weder aus seinem Grundprinzip des Sittlichen, noch aus dem Prozeß der Selbstvervollkommnung selbst, da man in diesem nur zu einer passiven Hingebung an das Sein gelangen kann.

Unklar muß zweitens erscheinen, daß Schweitzer sich zwar im allgemeinen ausschließlich auf die Erscheinungen des Seins bezieht, in der oben zitierten Textstelle aber von der Verwirklichung einer "geistigen, innerlichen Hingebung an das unendliche Sein" spricht, die sich zwar ausschließlich nur in jeweils spezifischer Hingebung konkretisieren kann, ihrem Wesen nach aber Hingebung an das Sein an sich bedeuten muß.

Hingebung an das Sein an sich vervollständigt sich gemäß Schweitzer im Zusammenwirken der, keine Tätigkeit ermöglichende und damit rein passiven, Hingebung an das Prinzip des Seins an sich mit der passiven und aktiven Hingebung an prinzipiell alles in dieser Welt erscheinende Sein.
Trotz dieser soeben besprochenen Unklarheiten wird dennoch ersichtlich, daß der ethische Aspekt der Selbstvervollkommnung die praktische Verwirklichung der gesamten Selbstvervollkommnung darstellt.
Deshalb kann das Reifen des Menschen zur ethischen Persönlichkeit als zum Prozeß der Selbstvervollkommnung gehörend bezeichnet werden. Ethische Selbstvervollkommnung stellt also einen Teil der Selbstvervollkommnung dar.

Somit sind geistiger und ethischer Fortschritt im Sinne Schweitzers als voneinander unterschieden, sich aber in unmittelbarer gegenseitiger Abhängigkeit befindlich zu bezeichnen. (vgl.GW2, S 46)

Gemäß Schweitzer kann sich ethisches Verhalten nur auf in dieser Welt erscheinenden Willen zum Leben beziehen.
Denn wenn auch die passive geistig-innerliche Hingebung an das Leben an das Prinzip des Lebens an sich gerichtet sein muß, kann

sich die Vervollständigung der Hingebung nur in aktiver Hingebung an erscheinendes Leben konkretisieren.

Zum Abschluß dieses Abschnittes muß einschränkend noch erwähnt werden, daß Schweitzer als zum Prozeß der ethischen Selbstvervollkommnung gehörig nur anerkennt, was die Tendenz aufweist, an irgend einem Punkt zum Erkennen der Unterschiedslosigkeit des universellen Willens zum Leben vom eigenen Willen zum Leben zu führen.

Der universellere geistige Bereich des Selbstvervollkommnungsprozesses des Menschen, in dem ja das wahre Verhältnis zum Sein an sich angestrebt wird, wird von Schweitzer nur am Rande erwähnt und auch nicht weiter bearbeitet.

3.6 Ergänzung zur Mystik

Gleich zu Beginn dieser ergänzenden Erläuterungen sei ausdrücklich davor gewarnt, den Bereich der mystischen Erfahrung bei Albert Schweitzer überzubewerten.
Natürlich nimmt die Mystik eine zentrale Stellung in seiner Philosophie ein. Dennoch ist der Bereich der Mystik bei Schweitzer viel realitätsnäher angesiedelt, als es allgemein üblich zu sein scheint, wenn man bloß bedenkt, daß bereits das zum Erleben werdende Erkennen als mystische Erfahrung anzusehen ist.

Außerdem warnt Schweitzer wiederholt davor, die Mystik zum Selbstzweck werden zu lassen. Die Erfahrungen, die zum Erleben der ethischen Gesinnung führen, können nicht anders als mystisch bezeichnet werden. Deswegen aber soll man nicht meinen, man müsse zum Esoteriker werden und geheimnisvollen Mysterienkulten frönen, um Schweitzers Gedanken in erlebender Weise nachvollziehen zu können.
Zu diesem Zwecke sollte vielmehr die Bezugnahme auf die uns erscheinende Wirklichkeit genügen.

Dem besseren Verständnis zuliebe sei erwähnt, daß der Eindruck entstehen muß, daß Schweitzers Begriff der Mystik mit dem, was die traditionelle abendländische Philosophie unter Mystik versteht, nämlich das Streben nach dem Eins werden mit dem Göttlichen, nach der Aufhebung der Trennung von Subjekt und Objekt, nach dem Eins werden mit dem Universum, nur wenig zu tun zu haben scheint.

Doch man mag sich über das Wesen des Schweitzer'schen Begriffes der Mystik nicht täuschen.

Auch bei Schweitzer besitzt das mystische Einheitsstreben wesentliche Bedeutung. Es dürfte nicht in der Absicht Schweitzers stehen, die passive Hingebung an das Sein in der mystischen Versenkung in Mißkredit zu bringen, denn wenn er "das Erleben des Einswerdens mit dem Absoluten" als "von sich aus nicht ethisch, sondern geistig" bezeichnet (vgl. GW2, S 370), dann spricht er der bloßen Geistigkeit zwar die ethische Relevanz ab, geht aber dennoch von der Existenz dieser Geistigkeit aus. Sonst würde er nicht sagen "Geistigkeit ist nicht Ethik."(GW2, S 370), sondern vielmehr: "Geistigkeit gibt es nicht!".

Außerdem heißt es bei ihm noch:

"Zu einer Geistigkeit, die ethisch ist und zu einer Ethik, die alle Geistigkeit in sich schließt, müssen wir uns erheben." (GW2, S 372)

Es wird ersichtlich, daß Schweitzer das mystische Einheitsstreben im allgemein gebräuchlichen Sinne keineswegs als verfehlende Suche nach etwas, das gar nicht existiert, darstellen will.
Allein diese passive Hingebung an das Sein aber ist für ihn in ethischer Hinsicht nicht ausreichend.
Wenn nämlich die Mystik wahrhaft ethisch werden will, dann muß sie das Streben nach einem bloß "abstrakten Inbegriff des Seins" (GW2, S 366) aufgeben und sich der empirisch erfahrbaren Wirklichkeit zuwenden.

Schweitzer kennt also zwei Begriffe von Mystik: erstens die Mystik im allgemein gebräuchlichen Sinne, von ihm als "Identitätsmystik" bezeichnet, und zweitens die ethische Mystik, er nennt sie auch "Wirklichkeitsmystik".

Die bloß geistige Mystik ist für Schweitzers ethisches Anliegen ungenügend, denn im Verharren in mystischer Versenkung wird dem unendlichen Willen zum Leben, dem Willen zum Leben, wie er sich auf dieser Welt so vielgestaltig offenbart, und dessen Wesen es ist, sich auszuleben, einfach nicht Genüge getan.

Die ethische Mystik muß sich freilich auf das Sein in seinen Erscheinungen konzentrieren, denn jede Handlung aus der Gesinnung muß sich auf ein in der Wirklichkeit gegebenes Objekt beziehen. Damit muß die Hingebung an bloß immaterielles und unzeitliches Sein von Schweitzer als unvollständig erachtet werden, denn die bloß passive Hingebung an abstraktes Sein führt zur Auflösung jeglicher Ethik.

"Ins Überethische führt die bisherige Mystik, weil sie abstrakt ist. Die Abstraktion ist der Tod der Ethik, denn Ethik ist lebendige Beziehung zu lebendigem Leben." (GW2, S 371)
Daß aber, wie bereits zuvor erwähnt, Schweitzers Intentionen nicht darin bestehen dürften, dem traditionellen mystischen Einheitsstreben Relevanz abzusprechen, sollte auch folgendes Zitat aus seinem Werk über die Weltanschauung der indischen Denker gut zum Ausdruck bringen:

"Es gibt zwei Arten der Mystik: diejenige, die sich aus der Annahme einer zwischen dem Welt-Geiste und dem Menschengeiste bestehenden Identität ergibt, und diejenige, die sich aus der Ethik herleitet.
Die Identitätsmystik, die indische wie die abendländische, ist ihrer Herkunft und ihrem Wesen nach nicht ethisch und kann es auch nicht werden." (GW2, S 634)

Hier wird ersichtlich, daß Schweitzer der Mystik im Sinne des Strebens nach Einheit mit dem Absoluten oder dem Sein an sich niemals die Existenzberechtigung absprechen will, obgleich es sich schon so verhält, daß bei Lektüre seiner Kulturphilosophie dieser Eindruck leicht zu entstehen vermag.

Dieser Eindruck aber trügt, wie auch folgende Aussage bestätigen sollte:

"Dem [Teil des unendlichen Seins] aber, was in meinen Bereich kommt und was meiner bedarf, mich hingebend, verwirkliche ich die geistige, innerliche Hingebung an das unendliche Sein ..." (GW2, S 373)

Schweitzer spricht von einer Verwirklichung der geistigen, innerlichen Hingebung an das Sein durch tätige Hingebung an das Sein. Geistige, innerliche Hingebung kann sich nun in der jeweiligen Situation konkretisieren, muß aber ihrem Wesen nach Hingebung an das Sein an sich bedeuten, wie schon zuvor erläutert wurde.

Ohne Zweifel müssen in diesem Sinne passive und tätige Hingebung an das Sein zusammenwirken, um vollständig zu sein, wodurch Schweitzers vollständiger Begriff von Mystik genau genommen nur eine Erweiterung des gewöhnlichen Begriffes der Mystik darstellt, und zwar eine Erweiterung um den Bereich der tätigen Hingebung an das Sein, und in ethischer Hinsicht speziell um den Bereich der tätigen Hingebung an lebendes Sein.

3.7 Lebensverneinung

Als Lebensverneinung im Sinne Schweitzers kann, wie bereits zuvor erwähnt, der Bereich des eigenen Willens zum Leben bezeichnet werden, der zugunsten anderen Willens zum Leben geopfert wird. Allerdings sollte bisher Erläutertes augenscheinlich machen, daß diese Art von Opferung mit der Aufopferung aus Märtyrertum nur wenig bis nichts gemein hat.

Vielmehr muß die Lebensverneinung des individuellen Willens zum Leben aus Ehrfurcht vor dem Leben zugunsten des universellen Willens zum Leben im Grunde genommen als Erweiterung und als Schritt in Richtung der Selbstvervollkommnung des eigenen Willens

zum Leben angesehen werden.
Die Lebensverneinung entwickelt sich innerhalb des Reifens des Willens zum Leben zur vertieften Welt- und Lebensbejahung.

"Aufgrund dieser Weltbejahung stellt sich Lebensverneinung ein, als Mittel, diese Bejahung anderen Lebens durchzuführen." (GW2, S 356)

Daß der Aspekt der Lebensverneinung in der Praxis nicht nach objektiven Maßstäben quantifizierbar ist, braucht wohl nicht mehr näher erläutert zu werden.

3.8 Grundprinzip des Sittlichen

"Das wahre Grundprinzip des Ethischen muß bei aller Allgemeinheit etwas ungeheuer Elementares und Innerliches sein, das den Menschen, wenn es ihm einmal aufgegangen ist, nicht mehr losläßt, in selbstverständlicher Weise in all sein Überlegen mit hereinredet, sich nicht in den Winkel stellen läßt und fort und fort eine Auseinandersetzung mit der Wirklichkeit provoziert." (GW2, S 143)

Hier zeichnet sich ein Problem ab.
In seiner Kulturphilosophie bezeichnet Schweitzer einmal die Hingebung an das Leben aus Ehrfurcht vor dem Leben als das denknotwendige, einen Inhalt habende Grundprinzip des Sittlichen. (vgl. GW2, S 374) An einer anderen Stelle heißt es wiederum:

"Damit ist das denknotwendige Grundprinzip des Sittlichen gegeben. Gut ist, Leben erhalten und fördern; schlecht ist, Leben vernichten und hemmen." (GW2, S 378)

Bei genauerer Betrachtung wird einem schnell klar, daß beide Umschreibungen dieselbe Bedeutung haben.

Dennoch sind diese Definitionen dahingehend voneinander unterschieden, als sie eine verschiedenartige Akzentuierung hinsichtlich ihrer Hauptaussage aufweisen.

Die erste Definition betont den Aspekt der Gesinnung, aus dem sich dann die ethischen Handlungen ableiten.
Die zweite Definition wiederum beleuchtet die Beschaffenheit der ethischen Handlungen selbst.
Beide Definitionen stehen also, trotz unterschiedlicher Formulierung, obgleich inhaltlich keineswegs ident und obwohl keine der beiden Definitionen als uneinheitlich oder unvollständig zu bezeichnen ist, dennoch in keinerlei Widerspruch zueinander, sondern stellen vielmehr eine gegenseitige Ergänzung bezüglich der Universalität der Aussagen dar.

3.9 Schuld

Es ist offensichtlich, daß Schweitzer in der Formulierung seines Grundprinzips des Sittlichen: "Gut ist, Leben erhalten und Leben fördern; böse ist, Leben vernichten und Leben hemmen.", bestrebt ist, auf den absoluten Charakter von Ethik hinzuweisen.
Alles Hemmen von Leben muß Schuld nach sich ziehen, unter welchen Bedingungen auch immer.
Ein Abweichen von diesem Grundsatz würde bedeuten, daß man manches Leben unter ganz bestimmten Voraussetzungen töten darf, ohne Schuld auf sich zu laden.
Doch dann könnten manche Menschen auf die Idee kommen, daß ganz bestimmte Arten von Lebewesen unter ganz bestimmten Voraussetzungen ruhigen Gewissens vom Leben zum Tode befördert werden dürfen, und es ist augenscheinlich, welche Gefahren die mißbräuchliche Auslegung eines bloß relativen Grundsatzes in sich birgt.
Sicher ist, daß Schweitzer es unterläßt, seinen Begriff von Schuld zu differenzieren.

Die Fragen, ob der Ursprung dieser Unterlassung in Schweitzers Bestreben liegt, die bloße Möglichkeit der Relativierung der Ethik zu unterbinden, ob er andere Gründe dafür hatte, oder ob er schlichtweg darauf vergessen hatte, werden nicht mehr eindeutig geklärt werden können.

Dennoch muß man von einer Differenzierung seines Schuldbegriffes ausgehen, wenngleich er auch diesen Schritt, wie so oft, nicht explizit darlegt.
Denn angesichts der Problematik, daß der Mensch sich bisweilen genötigt sieht, Leben auf Kosten anderen Lebens durchzusetzen, spricht er einerseits von einer "wirklichen Notwendigkeit" (vgl. GW2, S 389) oder auch synonym von einer "notwendigen Notwendigkeit" (vgl. GW2, S 396), und andererseits von einer "mehr oder weniger notwendigen Notwendigkeit" (vgl. GW2, S 396).
(In der Geschichte der Ethik wird in diesem Fall bisweilen zwischen ontologischer und moralischer Schuld unterschieden.)

Dieser uneigentlichen Notwendigkeit aber attestiert Schweitzer das Prädikat "nicht ethisch". (GW2, S 396), welches freilich doppelte Bedeutung zu haben vermag, nämlich einerseits im Sinne von "ethisch neutral" und andererseits im Sinne von "unethisch". Der Kontext der Textstelle erhellt, daß hier "nicht ethisch" im Sinne von "unethisch" verwendet wird.

Es wird ersichtlich, daß die notwendige Notwendigkeit, Leben zu vernichten oder zu hemmen, sich in Schweitzers Augen noch sehr wohl im Bereich des Ethischen befindet, wobei es nötig ist, darauf hinzuweisen, daß die Notwendigkeit zu töten sich ausschließlich auf den Umstand bezieht, daß sich in dieser Natur Leben auf Kosten anderen Lebens durchsetzen muß.

Außerdem impliziert die Differenzierung von absoluter Notwendigkeit und relativer Notwendigkeit die Existenz des Begriffes "keine Notwendigkeit".
Die Tötung von Leben ohne jegliche Notwendigkeit ist selbst bei weitester Auslegung nicht mehr dem Bereich der Tötung zum Zwecke der Erhaltung anderen Lebens zuzuordnen.
Wenn aber bereits die relative Notwendigkeit zu töten nicht mehr im

Bereich der Ethik liegt, so ist offensichtlich, daß das Töten ohne jegliche Notwendigkeit als noch verwerflicher zu bezeichnen ist und daß Schweitzer von diesem Umstand auch ausgeht.

Die Grenzen zwischen diesen drei Bereichen sind natürlich nicht objektiv zu bestimmen, sie verlaufen fließend, wie auch folgendem Zitat zu entnehmen ist:

"Der Landmann, der auf seiner Wiese tausend Blumen zur Nahrung für seine Kühe hingemäht hat, soll sich hüten, auf dem Heimweg in geistlosem Zeitvertreib eine Blume am Rande der Landstraße zu köpfen, denn damit vergeht er sich am Leben, ohne unter der Gewalt der Notwendigkeit zu stehen." (GW2, S 388)

Konsequenterweise müßte der Bauer durch die Blumen, die von den Kühen nicht gefressen werden, mehr Schuld auf sich laden, als durch die anderen. Überhaupt ist die Notwendigkeit, die Blumen zu töten nur eine relative. Der Bauer könnte ja auch auf einer anderen Wiese mähen oder aber beschließen, die Kühe nicht mehr zu füttern.

Aber um die Notwendigkeit an sich, verantwortlich für den Tod von Leben zu sein, kommt der Bauer nicht herum. Diese ist absolut.
Es stellt sich natürlich die Frage, ob man nicht in jedem konkretem Falle von einer bloß relativen Notwendigkeit sprechen kann. Daß Schweitzer aber die notwendige Notwendigkeit in der spezifischen Situation keineswegs absolut setzt, sollte folgendes Zitat dokumentieren:

"Die Notwendigkeit, Leben zu vernichten und Leben zu schädigen, ist mir auferlegt. Wenn ich auf einsamem Pfade wandle, bringt mein Fuß Vernichtung und Weh über die kleinen Lebewesen, die ihn bevölkern. Um mein Dasein zu erhalten, muß ich mich des Daseins, das es schädigt erwehren. Ich werde zum Verfolger des Mäuschens, das in meinem Hause wohnt, zum Mörder des Insekts, das darin nisten will, zum Massenmörder der Bakterien, die mein Leben gefährden können." (GW2, S 387)

Einerseits kann man also behaupten, daß es Abstufungen bezüglich der Schuldhaftigkeit gibt, andererseits ist offensichtlich, daß das Maß an Schuld nicht quantifizierbar ist.
Und obwohl Schweitzer drei Stufen verschiedener Schuldhaftigkeit kennt, scheint die eindeutige Zuordnung ausgesprochen schwierig.
Vielleicht unterläßt Schweitzer diese Differenzierung aus dem Grund der Unmöglichkeit zur zweifelsfreien Klassifizierung.
Dennoch ist es wichtig zu erwähnen, daß Schweitzer die notwendige Notwendigkeit zu töten als mit der Ethik vereinbar bezeichnet.
Schuld besteht in jedem Fall, um die Gefahr der relativen Ethik nicht entstehen zu lassen, und vor allem, weil jede Vernichtung von Leben einen Akt wider den universellen Willen zum Leben und damit im weitesten Sinne auch einen Akt gegen mich selbst darstellt.

Selbst an dem Punkt, wo der Mensch an die Grenze seines Vermögens gedrängt wird, wo er unter keinen Umständen umhin kann, Leben zu hemmen oder zu vernichten, dort also, wo im allgemeinen Gebrauch eine unethische Handlung als nicht mehr vorwerfbar gilt, da sie eben unvermeidbar ist; selbst an diesem Punkt spricht Schweitzer noch von Schuld.

Erneut sei betont, daß Ethik und Schuld im Sinne Schweitzers durchaus miteinander vereinbare Begriffe darstellen.
Das aufrichtig schmerzende Bewußtsein der Schuld vermag die ethische Gesinnung aufrechtzuerhalten.
Zum zweiten Male sei eine besonders wichtige Textstelle Schweitzers zitiert:

"In der Wahrheit sind wir, wenn wir die Konflikte immer tiefer erleben. Das gute Gewissen ist eine Erfindung des Teufels." (GW2, S 388)

(Es verhält sich freilich so, daß diese Textstelle zu kraß und negativ formuliert ist, um den Intentionen Schweitzers tatsächlich entsprechen zu können, denn bei konsequenter Auslegung dieses Zitates müßte man zu dem Schluß gelangen, daß Schweitzer dem Menschen, wenn er in der Wahrheit bleiben will, nicht das geringste

Glücksempfinden zugesteht.
Dem ist freilich nicht so, verspricht er doch dem, der bestrebt ist, den ethischen Weg zu beschreiten, "das tiefste Glück, dessen er teilhaftig werden kann." (GW1, S 240))

Es sind also die Einsicht und das Bewußtsein der Schuldhaftigkeit, welche die Ethik angesichts der Notwendigkeit zu töten nicht verkümmern lassen.
Andererseits kann man im Falle des Nicht-Bewußtseins der Schuld wohl dennoch nicht von einer Vermehrung der Schuld sprechen, obgleich die ethische Gesinnung verkümmert.

Demnach kann man zusammenfassen, daß trotz des Umstandes, daß der Mensch unumgänglich schuldig im Sinne der Vernichtung von Leben werden muß, diese Schuld und die Aufrechterhaltung der ethischen Gesinnung nicht unvereinbar sind, außer freilich es handelt sich bei dieser Unumgänglichkeit um keine notwendige.

Dort, wo es möglich wäre, die Opferung von Leben zum Zwecke des Erhaltes anderen Lebens zu vermeiden, kann die Schuld mit der Ethik nicht mehr vereinbar sein, wobei noch einmal betont werden muß, daß im Sinne Schweitzers natürlich jede Notwendigkeit bloß relativ sein kann, wodurch die Abstufung zur uneigentlichen Notwendigkeit niemals in allgemeingültiger Weise erfolgen kann.

Trotz der Unmöglichkeit der eindeutigen Klassifizierung in verschiedene Kategorien der Schuld sollte obig Erörtertes dennoch erhellen, daß es nicht nur zulässig, sondern auch notwendig ist, von einer Abstufung des Schweitzer'schen Begriffes der Schuld zu sprechen. Diese Differenzierung dürfte für seinen Ansatz von nicht unbedeutender Praxisrelevanz sein.
(Näheres dazu im Abschnitt "Gesinnung")

Erwähnt sei noch, daß es scheint, als könnte sich der Mensch durch passives Verharren in dieser Welt der Notwendigkeit, schuldig zu werden, weitestgehend entledigen. Doch diese Schuldlosigkeit durch Nicht- Aktivität bezeichnet Schweitzer als erschlichene Schuldlosigkeit. Das Zurückziehen auf die eigene

Person wäre weltverneinend, aber dies stünde in Widerspruch zum Willen zum Leben, dessen Wesen es doch ist, sich auszuleben und sich in höchstmöglicher Vollkommenheit zu verwirklichen (vgl. GW2, S 347). Selbstvervollkommnung als Hingebung an das Sein muß auch tätige Hingebung an das Sein inkludieren.

3.10 Gesellschaftsethik und Humanität

Aufgrund des subjektiv-enthusiastischen Wesens der Ethik kann es nicht möglich sein, "die Ethik der ethischen Persönlichkeit in eine brauchbare Ethik der Gesellschaft überzuführen." (GW2, S 357)

Erläuterungen zum subjektiv-enthusiastischen Wesen der Ethik finden sich in den Abschnitten "Lebensverneinung", "Hingebung und Selbstvervollkommnung" und in "Der Aspekt der Dynamik"

Obwohl es dem europäischen Denken als selbstverständlich erscheint, "daß sich aus richtiger Individualethik richtige Sozialethik ergibt" (GW2, S 357), besteht in Wirklichkeit eine fast unüberbrückbare Differenz zwischen diesen beiden und zwar in der unterschiedlichen Struktur ihrer Wesen.

"Die Ethik der ethischen Persönlichkeit ist persönlich, unreglementierbar und absolut. Die von der Gesellschaft für ihr gedeihliches Bestehen aufgestellte ist überpersönlich, reglementiert und relativ." (GW2, S 357)

Deshalb existieren auch ständige Konflikte zwischen Gesellschaftsethik und Ethik der ethischen Persönlichkeit. Die objektivierten Normen der Gesellschaftsethik können der Individualethik niemals wirklich genügen, da die ethische Handlung vielmehr von der jeweiligen Situation, dem sozialen Kontext, den Hintergründen der Situation, der Persönlichkeit der Beteiligten und nicht zuletzt von der Gesinnung der Handelnden abhängig ist.

Gemäß Schweitzer sind die Diskrepanzen zwischen Gesellschaftsethik und Individualethik auf unterschiedliche Bewertungen der Humanität zurückzuführen.
"Humanität besteht darin, daß nie ein Mensch einem Zweck geopfert wird. Die Ethik der ethischen Persönlichkeit will die Humanität wahren. Die von der Gesellschaft aufgestellte ist dazu unvermögend." (GW2, S 358)

Freilich bedeutet der Wille, die Humanität zu wahren, noch nicht, daß dieses Ziel auch erreicht oder in jedem Fall überhaupt angestrebt werden kann.
Aber der Mensch hat zumindest die Möglichkeit, den Forderungen der ethischen Gesinnung zu gehorchen und diese zu wählen, während den objektivierten Regeln der Gesellschaftsethik diese Möglichkeit versagt bleibt.

An anderer Stelle heißt es über die Humanität: "Unter Humanität versteht man das wahrhaft gütige Verhalten des Menschen zum Nebenmenschen." (GW5, S167)

Die Gesellschaft hingegen sieht sich im allgemeinen gezwungen, überpersönliche Zwecke zu verfolgen und muß dabei überpersönlich denken.
Der Anschaulichkeit mag ein Beispiel dienen: Der Eigentümer einer Fluglinie ist gezwungen, einem der Trunksucht verfallenen Piloten die Verantwortung über ein Flugzeug zu entziehen, selbst wenn dieser Pilot ein guter Freund von ihm ist, ihm jahrelang treue Dienste erwiesen hat und er weiß, daß er den Piloten damit auf das tiefste verletzen wird. In diesem Falle stehen gesellschaftliche Interessen in unüberbrückbarem Widerstreit mit humanitären Interessen.

Damit sollte ersichtlich sein, daß es der Ethik der Gesellschaft unmöglich sein muß, stets auf die jeweiligen Bedürfnisse des einzelnen in ausreichendem Maße Rücksicht zu nehmen. Die Ethik der Gesellschaft ist also im Prinzip humanitätslos.
Der unselige Konflikt der einzelnen Menschen besteht in dem Umstand, daß er wieder und wieder in die Lage kommt, als ausführendes Organ der Gesellschaft tätig zu werden, und sich

dann gezwungen sieht, seine persönlichen Ideale zugunsten gesellschaftlicher Ethik aufzugeben.
Deshalb bezeichnet Schweitzer Gesellschaftsethik als uneigentliche Ethik. Sie opfert individuelle Bedürfnisse.
Die Ethik geht zugrunde, wenn die Ethik der ethischen Persönlichkeit der Gesellschaftsethik mehr und mehr Platz machen muß.

Es gilt folglich erstens, der ethischen Persönlichkeit die Notwendigkeit, ständig in Konflikt mit der Ethik der Gesellschaft zu treten, um nicht geistigen Schaden zu nehmen, wieder zu Bewußtsein zu bringen, und zweitens, der ethischen Persönlichkeit ein Grundprinzip des Sittlichen zur Verfügung zu stellen, mittels dessen sie sich konsequent und erfolgreich mit der Ethik der Gesellschaft auseinanderzusetzen vermag.

Niemals sollen die Vorstellungen der Ethik der Gesellschaft die Ideale der ethischen Persönlichkeit korrumpieren.
Zu einer allgemeinen ethischen Gesinnung kann man nur gelangen, wenn die einzelnen ethischen Persönlichkeiten imstande sind, auf die Ethik der Gesellschaft einzuwirken.

"In dem Maße, als die Gesellschaft den Charakter einer ethischen Persönlichkeit annimmt, wird ihre Ethik zur Ethik der ethischen Gesellschaft." (GW2, S 360)

Wahre Ethik der Gesellschaft kann somit nur in der ethischen Gesinnung der einzelnen Mitglieder der Gesellschaft bestehen, jede weitere Form der Gesellschaftsethik ist im Sinne Schweitzers nicht der eigentlichen Ethik zuzurechnen.

3.11 Optimismus, Pessimismus

Diese Begriffe sind bei Schweitzer jeweils gedoppelte. Dieses eine Mal aber erläutert er selbst die Differenzierung. Pessimismus bedeutet für Schweitzer herabgesetzten Willen zum Leben. Erstrebenswert ist daher eine optimistische Weltanschauung. Der wahre Optimismus muß allerdings aus elementarem Denken erwachsen. Gedankenloser Optimismus ist in Wirklichkeit zumeist von Pessimismus durchsetzter Optimismus.

"Charakteristisch für das Zusammenwohnen von Pessimismus und Optimismus im Hause der Gedankenlosigkeit ist, daß der eine in den Kleidern des anderen umhergeht. So gibt sich bei uns als Optimismus aus, was in Wirklichkeit Pessimismus ist, und Pessimismus wird genannt, was in Wirklichkeit Optimismus ist." (GW2, S 133)

Schweitzers "wahrer Optimismus" darf also niemals vom Blickwinkel des Betrachters abhängig sein. Der gedankenlose Optimismus stellt lediglich eine bewußte Täuschung der eigenen Wahrnehmung dar, frei nach dem Motto: "Im Grunde ist alles hoffnungslos und negativ, aber für mein psychisches Befinden ist es von Vorteil, wenn ich nur die positiven Seiten sehe und vor allen negativen Aspekten die Augen schließe."

Diese Art der Doppelung darf als charakteristisch für die meisten, unausgesprochenen, Differenzierungen Schweitzers angesehen werden.

Durch die wertfreie, desillusionierte Anschauung der Dinge im wahren Optimismus scheint auch die Möglichkeit gegeben zu sein, Lust zu empfinden, in der sich nicht bereits wieder Unlust regt. Diese Freude und dieses Glück sind höherer Natur als gewöhnliche Freude und gewöhnliches Glück, denn sie beruhen nicht auf einer illusionär-optimistischen Anschauung der Dinge und treten gemäß Schweitzer im allgemeinen in Momenten der Erfüllung des Dranges des Willens zum Leben nach Selbstvervollkommnung auf.

Das Wesen des Willens zum Leben ist es ja, sich selbst auszuleben. Der wahrhaft denkend gewordene Wille zum Leben wird die eigene Sehnsucht nach Einheit mit dem Sein als ursprünglich erleben und das Aufgehen des individuellen Willens zum Leben im universellen Willen zum Leben anstreben, wodurch ersichtlich wäre, daß das wahre Ausleben des Willens zum Leben in durchaus mystischer Identifikation des universell erlebten, ursprünglichen Willens zum Leben besteht.

4. Kapitel: Weitere Erläuterungen

4.1 Gesinnung

Die Gesinnung entspricht der innerlichen Haltung des Menschen in seiner Konfrontation mit der Welt.
Mitleid als der Ethik zugrundeliegende Gesinnung erscheint Schweitzer zu eng, um den Anforderungen einer dem Denken genügenden Ethik zu entsprechen, da der Begriff des Mitleids erstens nur die Teilnahme am Leid des Willens zum Leben beinhaltet, zur Ethik aber auch die Lust und die Sehnsucht, sich auszuleben, eben der Drang nach Selbstvervollkommnung in jeder Hinsicht gehören. (vgl.GW2, S 380)
Außerdem würde, wenn man das Mitleid als Gesinnung die zur Ethik führen soll, ansähe, der Grund für das Verzeihen in eben diesem Mitleid liegen. Doch Verzeihen aus Mitleid beherbergt die immanente Gefahr des Hochmuts, im Sinne eines Sich- erhaben über den anderen- fühlens. Verzeihen aus Mitleid könnte dann in den Augen des Verzeihenden als Ausdruck der Hingebung bewertet werden, würde unter Umständen in Wahrheit aber eine Demütigung des anderen bedeuten.
Wahres Verzeihen muß aber von Demütigung des anderen frei sein.

"Ich muß grenzenloses Verzeihen üben, weil ich im Nichtverzeihen unwahrhaftig gegen mich selbst würde, indem ich damit täte, als wäre ich nicht in derselben Weise schuldig, wie der andere mir gegenüber schuldig geworden ist." (GW2, S 384)

Dadurch stellt wahres Verzeihen im Sinne Schweitzers gar keine Handlung mehr dar.

"Ich verzeihe überhaupt nicht, ich lasse es schon gar nicht zum Richten kommen." (GW2, S 385)

Weshalb Schweitzer das Liebesgebot Jesu als zu eng erachtet, wird im Abschnitt "Schweitzers Stellung zwischen Philosophie und Religion" besprochen.

Die Auffindung des Begriffes "Ehrfurcht vor dem Leben" ist deshalb für Schweitzers Ethik von großer Bedeutung, weil dieser Begriff zum einen den Aspekt der universellen Hingebung an Leben potentiell beinhaltet, und zum anderen eine demütige Haltung gegenüber allem Lebenden zur Voraussetzung hat und damit imstande ist, solch gefährlichen Hemmnissen wahrer ethischer Gesinnung, wie beispielsweise dem Hochmut, dem Stolz oder der Eitelkeit, wirksam entgegenzutreten.

Ehrfurcht vor dem Leben ist die Gesinnung, aus der sich denknotwendig Schweitzers Grundprinzip des Sittlichen ergibt.

"Die Ehrfurcht vor dem Leben gibt mir das Grundprinzip des Sittlichen ein..." (GW2, S 108)

Schweitzer kennt zwei Arten der Ehrfurcht vor dem Leben. Einerseits die instinktive Ehrfurcht vor dem Leben (GW2, S 343) und andererseits die Ehrfurcht vor dem Leben, die dem Denken entsprungen und somit als Gesinnung dem Bewußtsein zugänglich ist, was freilich nicht bedeuten soll, daß sie auch ausformuliert sein muß, um als aus dem Denken entsprungene Gesinnung im Menschen tätig zu werden.

Wiederum differenziert Schweitzer nicht explizit. Die vorbewußte, instinktive Ehrfurcht vor dem Leben kann nicht dieselbe sein wie die aus dem Denken entsprungene, denn das Wissen um eine Gesinnung kann die Gesinnung selbst nicht unverändert lassen, zudem ist die Erscheinung eines Dinges nicht das Ding an sich. (vgl. Hegel: Einleitung zur Phänomenologie des Geistes.)
Dem Menschen ist es möglich, von einer vorethischen zu einer ethischen Gesinnung zu gelangen. Die Art der Wandlung der instinktiven Ehrfurcht vor dem Leben zur ethischen Ehrfurcht vor dem Leben, die sich in Willensakten vollzieht, wurde bereits im zweiten Kapitel abgehandelt.
(siehe auch Abschnitt "Freiheit")

Im übrigen dürfte die instinktive Ehrfurcht vor dem Leben mit dem, was Schweitzer die ethischen Regungen des Menschen zu bezeichnen pflegt, inhaltlich ident sein.
Es handelt sich um die ethischen Anlagen des Menschen, um den "vorethischen" Instinkt.

4.2 Natur; Verantwortung

Schweitzers Begriff von "Natur" ist sehr eng. Er bezeichnet damit lediglich die Erscheinung des natürlichen Geschehens. Die Natur ist die für die Menschen empirisch wahrnehmbare Wirklichkeit.
Alles, was die den Erscheinungen der Dinge zugrunde liegenden Kräfte betrifft, bezeichnet er zwar als das "Wesen" der Dinge, aber wiederum nur bezüglich ihrer Erscheinung.
Diese Unterscheidungen sind für das Verständnis der Ethik des Albert Schweitzer sehr wichtig, da man versucht sein könnte, die Begriffe "Natur" oder "Wesen" in anderem, in weiterem Sinne zu verstehen.

Es scheint, daß die persönliche Einstellung Schweitzers dem transzendentalen Idealismus von Kant am nächsten steht. Als "elementarer" Philosoph, der sich mit der Stellung des Menschen zur Welt beschäftigt und dessen Hauptanliegen die Ethik ist, läßt er sich allerdings auf keine Untersuchungen in diesem Bereich ein. Schweitzer beschränkt sich überhaupt in den allermeisten Fällen auf die dem Menschen zugängliche Wirklichkeit.

Über die Natur schreibt er: "Sie ist wunderbar schöpferische und zugleich sinnlos zerstörende Kraft. Ratlos stehen wir ihr gegenüber. Sinnvolles in Sinnlosem, Sinnloses in Sinnvollem: dies ist das Wesen des Universums." (GW2, S 336)

Wenn er hier von "Wesen" spricht, dann ist offensichtlich, daß er zwar das Wesen, das Prinzip, die Struktur des Universums meint,

jedoch in der Art seiner Erscheinung!
Selbst das Kant'sche Ding an sich mißt Schweitzer also an seiner Erscheinung. Es wird zu einem Hegelianischen Ding an sich für es (für das Bewußtsein). Schweitzer bleibt in seinem elementaren Philosophieren konsequent, obgleich er, wie bereits oben erwähnt, sehr wohl davon ausgeht, daß den Erscheinungen für den Menschen rätselhafte und unergründliche Kräfte zugrunde liegen. Insofern geht er mit den Untersuchungen der Erkenntnistheorie konform. Aber er hält sich nicht lange an dieser Stelle auf.
Im Erkennen der Zusammengehörigkeit von Erscheinung und Kraft geht er als Ethiker von der Voraussetzung aus, daß ein Wirken auf die Erscheinung auch die der Erscheinung zugrunde liegende Kraft zu beeinflussen vermag; und die einzige Möglichkeit des Menschen ist es eben, auf die Erscheinung einzuwirken, der erkennende Zugang zu den zugrunde liegenden Kräften ist ihm zwingend verwehrt.

Sodann erklärt Schweitzer lapidar: "Zu untersuchen, wie dieses Verhältnis von Erscheinung und Kraft vom Standpunkt der Erkenntnistheorie aus zu erklären ist und ob es überhaupt erklärbar ist, darf die Ethik als nicht ihres Amtes dahingestellt sein lassen." (GW2, S 355)

Somit wird ersichtlich, daß Schweitzer, um ein der Veranschaulichung dienliches Beispiel zu geben, nicht vom Wesen des Willens zum Leben an sich spricht, sondern eben vom Wesen des Willens zum Leben in seiner Erscheinung.
Das naturhafte Geschehen aber liefert keinerlei Hinweise auf etwaiges ethisches Verhalten. Die Natur der Welt, so wie sie uns erscheint, ist nicht ethisch.

Im Gegenteil: Alles sich in der Natur Befindliche ist dem grausamen Dualismus von Schöpfung und Zerstörung unentrinnbar unterworfen.
Schweitzer spricht von der "Selbstentzweiung des Willens zum Leben" (GW1, S 171).

"Ein Dasein setzt sich auf Kosten des anderen durch, eines zerstört das andere." (GW1, S 171)

Schweitzer kommt zu dem Schluß, daß "Ethik nicht einfach als im Menschen sich fortsetzendes Naturgeschehen aufgefaßt werden kann." (GW2, S 355)

Ohne Zweifel aber ist der Mensch im natürlichen Prozeß des Werdens und Vergehens eingebunden, er ist dem natürlichen Geschehen der Welt unterworfen.
Jetzt spricht Schweitzer aber von ethischen Regungen des Menschen (GW2, S 341). Auf die Frage, ob diese ethischen Regungen im Menschen von Geburt an bereits offensichtlich vorhanden sind oder ob sie als schlafendes Potential erst an den Tag gebracht werden müssen, gibt er eine Antwort, die seinen Standpunkt klärt und außerdem gut über das Verhältnis, in dem sich der Mensch zur Natur befindet, Auskunft zu geben vermag.

Das Problem liegt an folgender Stelle:
Wenn die Natur, so wie sie sich präsentiert, an sich nicht ethisch ist, wie kann dann der Mensch ethische Regungen in sich verspüren oder gar ethisch werden?

Indem er über die Zwanghaftigkeit und objektive Sinnlosigkeit der Welt wissend werden kann. Er kann den Sinn der Welt nicht erklären, aber er weiß, daß er ihn niemals erklären können wird, und er weiß auch um seine eigene Abhängigkeit von dieser Welt.
Dieses Wissen vermag ihn mittels elementaren Denkens im zum Erleben werdenden Erkennen zur wahren Resignation, zum innerlichen Freiwerden vom natürlichen Geschehen, zu führen.
An diesem Punkt beschränkt sich die Abhängigkeit des Menschen von dem natürlichen Geschehen auf den materiellen Bereich.

Es ist das menschliche Denken, das hier den Menschen aus dem Dilemma führt.

"Etwas, das in einem Instinkt vorgebildet ist, greift es auf, um es auszudehnen und zur Vollkommenheit zu bringen." (GW2, S 356)

Es finden sich laut Schweitzer sowohl in Menschen als auch in Tieren so etwas wie "vorethische" Instinkte.
Das Denken möchte den Inhalt des Instinktes verwirklichen.

In der Möglichkeit zur innerlichen Aufhebung der Selbstentzweiung des Lebens besteht also die Chance des Menschen, ethisch zu werden. In welcher Art diese Chance wahrgenommen werden kann, wurde bereits erörtert.

Tiere verfügen über diese Möglichkeit nicht.
Es finden sich zwar Instinkte der Hingebung an anderes Leben aus Loyalität gegenüber den eigenen Artgenossen in der Mutterliebe und der geschlechtlichen Liebe. Aber niemals entspringt diese Hingebung als freiwillige Leistung dem eigenen Denken.
Das nichtmenschliche Leben vermag nicht, sich über die Zwanghaftigkeit des natürlichen Geschehens innerlich zu erheben.

Über das nicht-menschliche Leben sagt er:
"Ein Wille zum Leben ist nur wollend gegen den andern, nicht wissend von ihm." (GW2, S 381)

Indes erscheint diese Aussage zweifelhaft, denn wenn der Mensch beispielsweise das Verhalten der Delphine als rein instinktives Verhalten bezeichnet, so müßte man, in der Rolle des äußeren Zuschauers und nichts anderes ist der Mensch bei den Tieren, auch das Recht haben, die Verhaltensweisen des Menschen als bloß instinktiv zu bewerten. Es mag zulässig sein, daß der Mensch aus seinem eigenen, inneren Empfinden in Analogie auf das innere Empfinden anderer Menschen schließt, doch die Analogie auf die restliche belebte Natur dieser Erde mutet anmaßend an, zumal der Mensch doch selbst nicht umhin kommt, einzugestehen, daß er selbst auch der Kausalität der Welt unterworfen ist, wodurch die Möglichkeit, daß ein anderer äußerer Beobachter unsere Verhaltensweisen als instinktiv erkennt, zumindest nicht undenkbar ist.

Andererseits muß Schweitzer zugestanden werden, daß er sehr wohl gewußt hat, daß sich der Mensch bei der Betrachtung der Welt lediglich in der Rolle des äußeren Betrachters befinden kann. Folgendes Zitat erhellt, daß sich die Aussage auf den notwendig subjektiven Standpunkt des Menschen bezieht:

"In meinem Willen zum Leben erlebt sich der universale Wille zum Leben anders als in den andern Erscheinungen. In diesen tritt er in einer Individualisierung auf, die, soviel ich von außen bemerke, nur ein Sich-Selbst-Ausleben, kein Einswerden mit anderem Willen zum Leben erstrebt." (GW2, S 382)

Jetzt wird offensichtlich, weshalb weiter oben von "vorethischen" Instinkten die Rede war, denn Ethik setzt Willensfreiheit voraus. Und Willensfreiheit äußert sich für Schweitzer beim Menschen in der Möglichkeit zur innerlichen Loslösung von den Geschehnissen dieser Welt.

Selbstverständlich vermag der Mensch nicht, sich über das Wesen des Universums an sich, jenseits seiner Erscheinung, zu erheben, denn diese Möglichkeit des Menschen, sich innerlich vom naturhaften Geschehen auszugliedern, muß innerhalb einer etwaigen Struktur der Kräfte hinter der Erscheinung des Universums bereits gegeben sein, weil das natürliche Geschehen nicht unabhängig von den ihm zugrunde liegenden Kräften sein kann.
Aber dem Menschen ist eben nur die Erscheinung der Natur zugänglich. Und deshalb kann Schweitzer sagen:

"Im ethischen Menschen kommt das natürliche Geschehen in Widerspruch mit sich selbst. Die Natur kennt nur blinde Lebensbejahung." (GW2, S 355)

Einerseits mit dem natürlichen Geschehen untrennbar verhaftet, vermag der Mensch es andererseits doch, sich von eben diesem Geschehen zu befreien.

Und genau an dieser Stelle erkennt Schweitzer die ungeheure Verantwortung des Menschen.
In der Möglichkeit des Menschen, die Selbstentzweiung zu überwinden, liegt auf der einen Seite die Fähigkeit, in vielen Situationen die Notwendigkeit des Töten-müssens zu vermeiden, aber auf der anderen Seite die unheimliche Gefahr, auch ohne Notwendigkeit töten und vernichten zu können.

Tiere töten im allgemeinen nicht, wenn keine Notwendigkeit gegeben ist. Die empirische Erfahrung beweist, daß, solange ein Raubtier satt ist, das heißt die Notwendigkeit zur Lebenserhaltung

nicht unmittelbar gegeben ist, es seine Beutetiere nicht töten wird, auch wenn die Gelegenheit dazu gegeben ist.
Auf der anderen Seite zeigt sich das natürliche Geschehen von unbarmherziger Grausamkeit, obwohl diese Art der Grausamkeit freilich keine bewußte sein kann.

Im Vermögen des Menschen, viel Leid zu mindern und Leben zu fördern, liegt seine Verantwortung gegenüber der Natur. Die Gabe, wissend über das Hoffen, Streben, Sehnen anderen Lebens, oder schlicht über den universellen Willen zum Leben zu werden, darf der Mensch nicht einfach als gegeben hinnehmen. Er muß sich seiner Verantwortung bewußt werden und darum ringen, sich ihr als würdig zu erweisen.

Der Begriff der Verantwortung freilich ist nur mühsam mit Schweitzers Intentionen vereinbar, haftet ihm doch der kleine und unauffällige Makel der Überhebung des Subjekts über das Objekt der Verantwortung an. Wenn freilich Verantwortung als etwas aufgefaßt wird, was um diesen Aspekt bereits bereinigt wurde, dann vermag die ethische Handlung aus der Gesinnung der Ehrfurcht vor dem Leben zur Selbstverständlichkeit zu werden, und muß nicht länger aus dem überheblichen Gefühl des "für-etwas-Verantwortlich-seins" erfolgen.

Ein Wort noch zur unbelebten Natur:
Schweitzer gliedert in seiner Philosophie die unbelebte Natur aus der ethischen Beziehung zur Welt aus.
Zwar erkennt er das Sein, und in gewissem Sinne dürfte auch einem Stein Sein zuzusprechen zu sein, als Bestandteil des menschlichen Prozesses nach Selbstvervollkommnung an, doch spricht er der unbelebten Natur die ethische Relevanz ab, wie bereits sein Grundprinzip des Sittlichen ersichtlich machen sollte.
Ethik im Sinne Schweitzers beschränkt sich auf alles Leben, wie es sich in dieser Welt offenbart.

4.3 Freiheit

Die ethische Verantwortlichkeit ist an die Möglichkeit zur freien Wahl gebunden. Ohne Freiheit des Willens oder zumindest der Illusion von der Freiheit des Willens, kann dem Menschen keine Verantwortung erwachsen.

Schweitzer expliziert folgendermaßen:
"Die Ethik ist eine Tat unserer geistigen Selbständigkeit." (GW5, S 157)

Dennoch darf man das Problem hiermit nicht als abgetan erachten. Obwohl nämlich Schweitzer den Begriff des Willens zum Leben durchaus von Schopenhauer entlehnt zu haben scheint, scheint dennoch ein wichtiger Unterschied konstatierbar.

Während Schopenhauers Weg zur Erlösung von dem Leiden, das sich Leben nennt, in einer bewußten Verneinung des Willens zum Leben besteht, bekennt sich Schweitzer bedingungslos zu der Welt-und Lebensbejahung, die dem Willen zum Leben ursprünglich immanent sind, und möchte sie mittels elementaren Denkens zu höchsten Höhen geleiten.

Diese Verneinung des Willens zum Leben bei Schopenhauer bedeutet aber kein Wollen gegen den Willen zum Leben, sondern ein bloßes Versiegen des Wollens. Nur in der egoistischen Selbstbehauptung vermag der Mensch gegen den eigenen Willen zum Leben tatsächlich wollend zu werden.
Bei Schweitzer stellt freilich die Gedankenlosigkeit eine weitaus größere Gefahr für die Verwirklichung des Willens zum Leben dar als der Egoismus.

Es stellt sich nunmehr die Frage, ob man im Sinne Schweitzers gegen den eigenen Willen zum Leben lediglich handeln kann, weil man nicht wissend über diesen ist, oder ob man gegen ihn tatsächlich wollend werden kann.

Solange als der eigene, eigentliche Wille nur das angesehen wird, was dem Wesen des Willens zum Leben an sich, das heißt jenseits der Erscheinungen, entspricht, muß eine Handlung wider den eigenen Willen zum Leben als Verirrung des Wollens gewertet werden.
In diesem Falle müßte sich die Ethik des Albert Schweitzer mit der Illusion der Willensfreiheit, die zur ethischen Handlung unabdingbar ist, begnügen.
Wenn hingegen der Wille zum Leben als etwas erachtet wird, das sich in Gedanken- und Handlungsfreiheit äußert und dessen wesenhafte Bestimmung wissentlich erfüllt oder verfehlt werden kann, dann könnte man bei Schweitzers ethischen Ansatz von tatsächlicher Willensfreiheit sprechen.
Es scheint, als wäre man auf die Kenntnis der genauen Schweitzerschen Definition des Begriffes "Wille" angewiesen.

Da diese sich in seinen Werken aber nicht findet, kann vielleicht ein Blick auf seine Verwendung dieses Begriffes Abhilfe schaffen.

Schweitzer sagt:
"Daß der Wille zum Leben in uns mit sich selber wahr werde und mit sich selber wahr bleibe, daß er keine Verkümmerung erfahre, sondern sich zu voller Lebendigkeit entwickle: dies ist's, was über das Schicksal unseres Daseins entscheidet." (GW2, S 346)

Da also das Ziel, daß der Wille zum Leben in uns mit sich selber wahr werde, keinesfalls mit Sicherheit erreicht wird, gestattet Schweitzer dem menschlichen Willen offensichtlich die Freiheit, sich ein Leben lang über das Wesen des eigenen Willens zum Leben an sich zu irren.

Weil zudem Schweitzer der Meinung ist, daß auf dieser Erde nur der Mensch es vermag, zu einer innerlichen Loslösung von den äußeren Umständen zu gelangen, und dieser Akt als Willensakt bezeichnet werden muß, kommt man nicht umhin anzunehmen, daß Schweitzer nicht bloß von der Illusion der Willensfreiheit ausgeht.
Gegen eine Auslegung des Schweitzer'schen Willens zum Leben in engstem Sinne, das heißt bloß jenseits der Erscheinungen, spricht noch, daß Schweitzer sich in seiner Philosophie durchwegs auf die

erscheinende Wirklichkeit bezieht und sich somit wohl nicht nur den abstrakten Willen zum Leben an sich jenseits jeglicher Erscheinung beschränken dürfte.
Noch immer aber ist Schweitzers Freiheitsbegriff nicht restlos geklärt.
Zu diesem Zwecke soll der Kant'sche Freiheitsbegriff zur Abgrenzung dienen.

Kant vermag sowohl die Freiheit als auch die Unfreiheit des menschlichen Willens aufzuweisen, er sieht das Problem der Freiheit als Antinomie, als Widerspruch.
Für Kant ist der Mensch als Erscheinung an die Formen aller Erscheinung, Raum, Zeit und Kausalität, gebunden.
Die Freiheit des Willens ist für ihn transzendental, der Mensch als Ding an sich ist frei, doch vermag Kant die Einheit zwischen empirischer Abhängigkeit und transzendentaler Freiheit nicht wirklich befriedigend darzustellen.
Um sich die Möglichkeit einer Ethik zu erhalten, löst er diese Antinomie zwischen Freiheit und Unfreiheit zugunsten der Freiheit auf.
Kants Freiheitsbegriff ist allerdings ein statischer, während Schweitzers Begriff von Freiheit dynamischer Beschaffenheit ist.
Schweitzer geht von der Möglichkeit zur Entwicklung der menschlichen Freiheit des Willens aus.

Er sagt:
"Zur Klarheit über sich selbst kommend, weiß der Wille zum Leben, daß er auf sich selbst gestellt ist. Seine Bestimmung ist es, zur Freiheit von der Welt zu gelangen."(GW2, S 348)

Jeder Gedanke ist im letzten Grunde an Vorstellung, somit an empirische Wahrnehmung und folglich an Raum und Zeit gebunden.

Nun stellt Schweitzer diese Abhängigkeit nicht in Abrede, vielmehr erkennt er die Möglichkeit des menschlichen Willens zum Leben, diese natürliche Abhängigkeit zu durchbrechen, aber lediglich hinsichtlich des potentiellen Vermögens des Menschens, um die Vorgänge in der Natur wissend zu werden und sich dadurch von

diesem natürlichen Geschehen innerlich und teilweise auch äußerlich lösen zu können.
Der menschliche Wille vermag also gemäß Schweitzer die Kausalität des natürlichen Geschehens zu durchbrechen.
Diese Freiheit von der Natur bezeichnet Schweitzer als offenbar nicht weiter zu erklärenden Widerspruch.
Man verzeihe die erneute Berufung auf folgende Textstelle:

"Im ethischen Menschen kommt das natürliche Geschehen in Widerspruch mit sich selbst." (GW2, S 355)

Schweitzer kümmert sich offensichtlich nicht um den Menschen an sich, der in transzendentaler Weise frei sein mag.
Der Mensch hier in Raum und Zeit ist es, dessen Bestimmung es ist, zur Freiheit von den Umständen zu gelangen.
Diese Freiheit ist vorerst geistiger Art und bringt die Möglichkeit einer beschränkten körperlichen Freiheit von den Umständen mit sich, denn sonst könnte man nicht von ethischen Handlungen sprechen.
Noch einmal sei darauf hingewiesen, daß Schweitzer das natürliche Geschehen als "von sich aus nicht ethisch" bezeichnet.
Erst in der Freiheit vom natürlichen Geschehen vermag sich ethische Verantwortlichkeit zu konstituieren.

4.4 Wertigkeit

In den Augen Schweitzers stellt das Leben an sich eine irrationale Größe dar. In seinem Grundprinzip des Sittlichen: "Gut ist, Leben erhalten und Leben fördern; böse ist, Leben vernichten und Leben hemmen." verabsolutiert er zudem das Leben und die Förderung von Leben im Sinne der Förderung der individuellen Entfaltungsmöglichkeiten innerhalb des Wesens des jeweiligen Willens zum Leben.

Somit stellt alles Leben lediglich eine Erscheinung des unendlichen, geheimnisvollen Willens zum Leben dar, es ist unmöglich, zwischen wertvollem und wertlosem Leben zu unterscheiden. Jedes Leben hat die gleiche Berechtigung zu leben, da es eben Wille zum Leben ist, so wie auch wir Wille zum Leben sind.

Wie steht es nun um den Menschen? Er, der sich geistig vom natürlichen Weltverlauf loszulösen vermag, dem die Macht zu eigen ist, sich über die belebte Natur zu stellen, über Leben und Tod zu entscheiden, hat er das Recht, seine Willkür zum Gesetz zu erheben? Gemäß Schweitzer besteht ein großes Problem in der häufig vertretenen Annahme, daß der Sinn des Universums in irgendeiner Weise in der Existenz des Menschen liegt.

"Auf einem der kleineren unter den Millionen von Gestirnen leben seit einer kurzen Spanne Zeit Menschenwesen. Auf wie lange? Irgendeine Herabsetzung oder Steigerung der Temperatur der Erde, eine Achsenschwankung des Gestirnes, eine Hebung des Meeresspiegels oder eine Änderung in der Zusammensetzung der Atmosphäre kann ihrem Dasein ein Ende setzen. Oder die Erde selber fällt irgendeiner kosmischen Katastrophe zum Opfer. Was wir für die Erde bedeuten, wissen wir nicht. Wieviel weniger dürfen wir uns dann anmaßen, dem unendlichen Universum einen auf uns zielenden oder durch unsere Existenz erklärbaren Sinn beilegen zu wollen!" (GW2, S 335)

Wenn es eine Anmaßung des Menschen ist, dem unendlichen Universum einen auf den Menschen zielenden Sinn beilegen zu wollen, dann ist es ebenso eine Anmaßung anzunehmen, daß die Erde zum Zwecke des Menschen bestehe. Das aber wäre die einzige Möglichkeit, die vom Menschen so selbstverständlich eingenommene Position des uneingeschränkten Herrschers und Richters über alles Leben auf dieser Erde zu rechtfertigen. Solange aber die Zwecke des Universums uneinsichtig sind, dürfte ihm laut Schweitzer diese Anmaßung im Grunde genommen nicht zustehen.

Dennoch ist offensichtlich, daß der Mensch über eine Sonderstellung in der Natur verfügt und häufig wird sich der Mensch gezwungen sehen, über Leben und Tod zu entscheiden,

zu werten.
Natürlich gebietet die Gesinnung der Ehrfurcht vor dem Leben, Leben zu erhalten und nach Möglichkeit auf seinen höchsten Wert zu bringen, dennoch muß der Mensch häufig seiner tragischen Unterworfenheit unter die Gesetze der Natur Tribut zollen.
Und sei es im Falle Schweitzers selbst, der Eingeborenen einen Fischadler abgekauft hatte und nun zwischen dem Leben des Fischadlers oder dem Leben von einigen Fischen täglich, um den Adler am Leben zu erhalten, wählen mußte.
Zwar muß eine Wertung zwischen wertvollem und wertlosem Leben unmöglich sein, dennoch wird sich der Mensch wohl genötigt sehen, anzuerkennen, daß es differenziertere und undifferenziertere Lebensformen gibt. Doch diese Entscheidung darf niemals ein Freibrief für die höher entwickelten Lebewesen und, im Falle der Notwendigkeit einer Entscheidung, ein a priori gefälltes Todesurteil wider die weniger entwickelten Lebewesen sein, da eben, es sei wiederholt, jedes Lebewesen eine Erscheinung des unendlichen Willens zum Leben darstellt. Nicht mehr und nicht weniger.
Jetzt hat der Mensch in vielen Situationen die Macht zu entscheiden, welches Leben sich auf Kosten des anderen durchsetzen darf. Auf daß er diese Macht aber nicht mißbrauche, werde er sich der ungeheuren Verantwortung, die auf seinen Schultern lastet, bewußt.

4.5 Dualismus, Monismus

Schweitzers Ansatz ist in eindeutiger Weise weder als dualistisch, noch als monistisch zu identifizieren.
Monisten erkennen nur ein Weltprinzip an. Das Grundprinzip des Sittlichen muß also in diesem Weltprinzip enthalten sein, es gibt keinen Widerspruch zwischen dem natürlichen Geschehen und Ethik.

Dualisten wiederum stellen das Ethische in Gegensatz zum natürlichen Geschehen. Sie gehen also von einem natürlichen und einem ethischen Weltprinzip aus, wobei das erste in der Welt ist und überwunden werden soll.
Dafür benötigen die Dualisten aber die Annahme einer "außer- und überweltlichen ethischen Gottespersönlichkeit." (GW2, S 146)
Für Schweitzer besteht die Schwäche der dualistischen Weltanschauung darin, daß sie von jeder Naturphilosophie absehen, das heißt, die in dieser Welt in Erscheinung tretenden Gegebenheiten mißachten müsse.
Das Problem der monistischen Weltanschauung liegt in dem Umstand, daß diese versuchen müsse, das Weltgeschehen in irgendeiner Weise ethisch zu deuten, die empirische Erfahrung dazu aber keinen wirklichen Anlaß liefert.

Bei Schweitzers Ansatz verhält es sich so, daß er einerseits zwar das natürliche Geschehen als nicht-ethisch erachtet, andererseits aber dem Menschen sowie auch den Tieren a priori vorhandene ethische Regungen zuspricht, wobei freilich nur der Mensch die Möglichkeit besitzt, tatsächlich ethisch zu empfinden und zu handeln.

Freilich kommt man nicht umhin, darauf hinzuweisen, daß er der Überzeugung ist, daß im ethischen Menschen das Naturgeschehen in Widerspruch mit sich selbst kommt. (vgl. GW2, S 355)
Somit wird sich eine eindeutige Zuordnung zu monistischer oder dualistischer Weltanschauung wohl nicht realisieren lassen, und dies dürfte im Sinne Schweitzers sein, da er doch davon ausgeht, daß das Wesen des Universums an sich dem Menschen nur in seinen Erscheinungen zugänglich ist und somit eine in sich geschlossene Weltanschauung erdichtet sein muß. (vgl. GW2, S 339)

Wenn man freilich die Betrachtung aus der Perspektive der Welt der Erscheinungen vornimmt, so muß sein Ansatz als dualistisch bezeichnet werden.
Für den Fall der Betrachtung unter Einbezug der den Erscheinungen zugrundeliegenden Kräfte präsentiert sich Schweitzers Ansatz wiederum in monistischem Gewande.

Die Möglichkeit, Schweitzers ethischen Ansatz hinsichtlich dualistischer oder monistischer Weltanschauung eindeutig zuzuordnen, entpuppt sich somit als vom Standpunkt der Beobachtung abhängig.

Schweitzer selbst dürfte die den Erscheinungen zugrunde liegenden Kräfte in sein Denken mit einbeziehen, auch wenn er dann keine Aussagen über diesen Bereich trifft.
Er sagt: "In Wirklichkeit hat die monistische Denkweise, als die einzig sachliche, bereits den Sieg über die dualistische davongetragen." (GW2, S 442)
Und weiter: "Es genügt ihr [der Ethik], zu wissen, daß die gesamte Sinnenwelt eine Erscheinung von Kräften [...] ist. (GW2, S 355)

Dadurch kann der Ansatz Schweitzers, seiner Intention entsprechend, als monistisch bezeichnet werden.

4.6 Schweitzers Stellung zwischen Philosophie und Theologie

Albert Schweitzer war sowohl Doktor der Philosophie als auch der Theologie. Seine Habilitation schrieb er an der theologischen Fakultät, da ihm "das Predigen ein innerliches Bedürfnis war" (L+D, S 24), man es aber nicht gerne gesehen hätte, wenn er als Privatdozent der Philosophie sich gleichzeitig als Prediger betätigt hätte.

Eigenen Aussagen zufolge empfand er sich eher als Philosoph denn als Theologe, zumindest bezeichnet er die Philosophie als "Zentralprovinz" (GW1, S 168). Schweitzer ist christlich-evangelisch aufgewachsen und erzogen und wollte diese Wurzeln auch gar nicht verleugnen. Obgleich der Konfession nach protestantisch, tritt er für die religiöse Versöhnlichkeit ein. Er erachtet die konfessionellen Unterschiede als etwas, "das bestimmt ist, einmal zu verschwinden." (Sz, S 44) Deshalb wohl erscheinen seine

Werke, selbst diejenigen theologischen Inhalts, nicht bloß Protestanten oder Christen zugänglich. Außerdem war er von frühester Jugend an davon überzeugt, "daß die Wahrheit der Grundgedanken des Christentums sich gerade im Nachdenken zu bewähren habe", und glaubte nicht, daß "vor dem Glauben alles Nachdenken verstummen müsse" (Sz, S 40), wie ihm in seiner Schulzeit gelehrt wurde.

Jedenfalls bekommt man bei der Lektüre seiner Werke niemals den Eindruck, als sähe er Philosophie und Religion als unvereinbar und gegensätzlich.
Vielmehr schreibt er als Mensch für Menschen. Zwar spricht er in seinen Predigten als Theologe (vgl. Straßburger Predigten) und in seiner Kulturphilosophie als Philosoph, doch dürfte die Umschreibung, daß er das eine Mal als philosophischer Theologe und das andere Mal als frommer Philosoph auftritt, den wahren Umständen bedeutend näherkommen.
Im Übrigen sei das Wort "fromm" hier nicht mißverstanden. Es bezieht sich lediglich auf seine Gläubigkeit im allgemeinsten Sinne, nicht auf seine Konfession. Diese war Bestandteil seiner sozialkulturellen Lebensbedingungen. Die Treue hat er seiner Konfession wohl einerseits aus traditionellen Gründen gehalten, und andererseits, weil er sehr wohl tiefste Wahrheiten innerhalb der christlichen Ethik erkannte.
Noch einmal sei betont, daß Albert Schweitzer sowohl die Philosophie als auch die verschiedenen Religionen im Grunde genommen als Suche nach "wertvoller Weltanschauung" (GW2, S 100) und der daraus resultierenden Ethik erachtet.
Der wesentlichste Aspekt sowohl der Philosophie als auch der Religion dürfte für ihn folglich der ethische gewesen sein.
So sagt er: "Jede denkende Religion hat zu wählen, ob sie ethische Religion sein will oder Religion, die die Welt erklärt." (CH+W, S 56)
Das Christentum zählt er eindeutig zur ersten Kategorie.
Schweitzer ist der Ansicht, daß logisches Denken über das Wesen der Welt nicht zum Ethischen gelangen kann. Es ist ihm bewußt, daß andere Religionen, namentlich seien der Brahmanismus, der Buddhismus und der Hinduismus aufgeführt, in ihren logischen Strukturen dem Christentum unzweifelhaft überlegen sind. Doch er erachtet das Christentum auch lediglich als ethische Religion. Ja,

er spottet sogar über die ständigen Versuche der Christen, "das Christentum zu einer Lehre zu machen, in der das Walten des ethischen Gottes und der natürliche Weltlauf in Einklang gebracht werden." Seinen Beschreibungen zufolge mußte das Christentum "Stück für Stück von der Welterklärung, die es noch besaß" aufgeben. "Damit wird es immer mehr, was es seinem Wesen nach ist. In einem gewaltigen Vergeistigungsprozeß geht es aus der naiven Naivität immer weiter in die tiefe Naivität hinein. Je mehr Erklärungen seinen Händen entfallen, desto mehr erfüllt sich an ihm die erste Seligpreisung: "Selig sind, die da geistig arm sind.""
(Ch+W, S 60)
Daß das Christentum in seinen Augen keine "logische" Religion ist, ist also eher als Lob, denn als Tadel zu verstehen, ist er doch der Ansicht, daß sich über das Wesen der Welt keine Aussagen machen lassen.
Vor allem aber findet Schweitzer gerade im Christentum tiefste ethische Wahrheiten.
Hauptsächlich der Aspekt der Ethik hat für ihn Relevanz, und in diesem Aspekt erkennt er das Christentum als den anderen Religionen bei weitem überlegen an.
Die Größe der Ethik Jesu begründet er folgendermaßen: "In dem Gegensatz zwischen der Welt und dem Gotte, der ethische Persönlichkeit ist, und in der damit gegebenen eigentümlichen Spannung zwischen Pessimismus und Optimismus besteht das Eigentümliche der Religion Jesu. In der Uneinheitlichkeit liegt ihre Größe, ihre Wahrheit, ihre Tiefe, ihre Kraft."

Freilich stellt sich die Frage, ob das Christentum für ihn nicht deshalb an Relevanz gewonnen hat, weil es im Verlauf der Neuzeit "die ihm von der Weltendeerwartung des Christentums her anhaftende Welt-und Lebensverneinung ablegte und der Welt- und Lebensbejahung Raum gab." (GW1, S 194)
Denn nach eigenen Aussagen können sich im Christentum erst durch diese Wandlung die Impulse, die zur tätigen Ethik und zur Kulturentwicklung beitragen, entwickeln.

Albert Schweitzer bekannte sich folglich deshalb zum Christentum, weil er einerseits christliche Wurzeln hatte, und andererseits, weil er im Vergleich der verschiedenartigen Religionen die christliche Ethik

als die tiefste und am meisten zur ethischen Tätigkeit, da nicht in reinem Pessimismus verharrend, aufrufende erachtete.
Außerdem sei zu bedenken, daß er die Widersprüche und die Unfertigkeit der christlichen Ethik nicht als Denkfehler erachtete, sondern als unvermeidbare Unvollendetheit des Denkens.
Deutlich ist an diesem Punkt die Parallele zu seiner Philosophie zu erkennen, wo er ja auch der Ansicht ist, daß jedes tiefe Denken notwendig im Irrationalen enden müsse. Sein erkenntnistheoretischer Pessimismus dürfte also christliche Wurzeln haben, oder aber er sah im Christentum die Bestätigung seiner philosophischen Theorien.
Folgendes Zitat sollte seine Stellung zwischen Philosophie und Religion am trefflichsten zum Ausdruck bringen: "Die Aufführung der Scheidewand zwischen philosophischer und religiöser Ethik geht auf den Irrtum zurück, als ob die eine Wissenschaft und die andere Nichtwissenschaft wäre. Beide sind aber weder das eine noch das andere, sondern Denken. Nur hat sich das eine Denken von überlieferter religiöser Weltanschauung frei gemacht, während das andere den Zusammenhang mit ihr wahrt." Und weiter heißt es: "Es handelt sich nur um einen relativen Unterschied in der Art des Denkens. Die einen nähern sich dem Grundprinzip des Sittlichen durch ein mehr intuitives, die anderen mehr durch ein analysierendes Verfahren. Die Tiefe, nicht die Art des ethischen Denkens entscheidet." (GW2, S 142)

Damit gibt sich Schweitzer auch im Bereich der Theologie als Philosoph zu erkennen. Sein Zwiespalt besteht also nicht zwischen dogmatischer Theologie und freier Philosophie, sondern lediglich zwischen Religionsphilosophie und Philosophie, und an diesem Punkt gibt es gar keinen Zwiespalt mehr.

Deutlich ist hier auch zu erkennen, wie stark sich Schweitzer davon distanziert, Philosophie oder Religion als Selbstzweck zu erachten. Beide stellen lediglich Mittel dar, wobei er der Philosophie die besseren Chancen zuspricht, "in stetiger und sicherer Weise auf das Grundprinzip der Ethik auszugehen" (GW2, S 143), wiewohl er bei der rein kritisch-analysierenden Suche auf die Gefahr einer Verarmung der Ethik hinweist.

Dennoch sollte dieses Zitat deutlich machen, daß er persönlich das Denken gegenüber dem Glauben als höherrangig einstuft.
Symptomatisch für Schweitzers Gesinnung ist auch, daß sein Zugang zu dem von ihm aufgestellten Grundprinzip des Sittlichen, der Ehrfurcht vor dem Leben, ein zweifacher ist, nämlich einerseits ein theologischer und andererseits ein philosophischer.

Sein philosophischer Zugang zur Ehrfurcht vor dem Leben wurde bereits erörtert. Somit sei hier lediglich vom theologischen die Rede.

Zwei Gebote haben in der Ethik Jesu hervorragende Bedeutung. Das erste lautet folgendermaßen: "...und du sollst Gott, deinen Herrn, lieben von ganzem Herzen, von ganzer Seele, von ganzem Gemüte und von all deinen Kräften." Und das zweite ist dem ersten in der Wertigkeit gleichgestellt: "Du sollst deinen Nächsten lieben wie dich selbst." (vgl. Mk.12,28-34)

Der Grundbegriff des Ethischen in der Ethik Jesu ist die Liebe.
"Das Herz sagt: das Sittliche beruht in der Liebe." (GW5, S 121)
Liebe bedeutet für Schweitzer Wesensharmonie und Wesensgemeinschaft, die aber ursprünglich nur für den Bereich von Personen gilt, die sich in irgendeiner Weise natürlich angehören, so etwa Verwandte und nahe Freunde.

Das Liebesgebot Jesu aber verlangt die Ausweitung dieses engen Bereiches der Liebe auf alle Menschen.
"Das Gebot der Liebe heißt also im letzten Grunde: Es gibt für dich keine Fremden, sondern nur Menschen, deren Wohl und Wehe dir angelegen sein muß." (GW5, S 122)
Der zweite Aspekt des Liebesgebotes gebietet, Gott von ganzem Herzen und von allen Kräften zu lieben.

Diesen Punkt deutet Schweitzer so:
"Ist den Menschen gegenüber Liebe so etwas wie Miterfahren, Miterleiden und Helfen, so bedeutet es Gott gegenüber etwas im Sinne von ehrfürchtiger Liebe. Gott ist das unendliche Leben. Also bedeutet das elementarste Sittengesetz, mit dem Herzen begriffen:

aus Ehrfurcht zu dem unbegreiflich Unendlichen und Lebendigen, das wir Gott nennen, sollen wir uns niemals einem Menschenwesen gegenüber als fremd fühlen dürfen, sondern uns zu helfendem Miterleben zwingen." (GW5, S 122)

Interessant ist, daß Schweitzer auch in seinen Sraßburger Predigten 1919, also noch vor Erscheinen seiner Kulturphilosophie 1923, wo er als Theologe zu Kirchgängern sprach, dieses Prinzip auch intellektuell abgeleitet wissen wollte, da "Vernunft und Herz miteinander wirken müssen, wenn eine wahre Sittlichkeit zustande kommen soll." (GW5, S 120)

Als Theologe beschreitet er folglich den Weg zum Urbegriff des Guten sowohl vom Herzen als auch von der Vernunft aus.
Unter diesem Gesichtspunkt kann man freilich Schweitzers Ethik der Ehrfurcht vor dem Leben als Versuch der Erweiterung und Begründung der Ethik Jesu betrachten.
Als Erweiterung deshalb, weil ihm erstens die Beschränkung auf menschliches Leben widerspricht und der Begriff der Ehrfurcht vor dem Leben das ethische Verhalten auf jedes lebende Wesen auszudehnen vermag, damit wahrhaftig universell wird, und zweitens, weil ihm der Begriff der Liebe auch in der Beziehung zwischen den Menschen zu eng ist, da sie zwar Mitleiden, Mitfreude und Mitstreben in sich faßt, aber das Ethische nur in einem (tiefen) Gleichnis erfaßt.

"Sie setzt die durch Ethik geschaffene Solidarität in Analogie zu derjenigen, die die Natur mehr oder weniger vorübergehend zwischen zwei sich geschlechtlich ergänzenden Wesen oder zwischen diesen und ihrer Nachkommenschaft eintreten läßt." (GW2, S 380)

Außerdem trägt die Ehrfurcht vor dem Leben die Begründung des Gebotes der Liebe in sich. Und tatsächlich scheint auf die Frage: "Warum soll ich den nächsten lieben?"die Antwort "Weil instinktive Ehrfurcht vor dem Leben in dir ist", zulässig.

Die Begründung des Grundprinzips des Sittlichen liegt Schweitzer deshalb so sehr am Herzen, weil für ihn bekanntlich wahres

Erkennen in Erleben übergeht und erst die erlebte Sittlichkeit eine unverlierbare und sich selbst weiterentwickelnde ist , und diese Sittlichkeit wiederum schärfstens von der bloß angelernten Sittlichkeit, die von einem Menschen wieder abfallen kann, zu differenzieren ist (GW5, S 125). Doch die Zeit verlangt für ihn "ein dem Denken genügendes Grundprinzip des Sittlichen", um vielen Menschen die Möglichkeit einzuräumen, die Sittlichkeit tatsächlich zu erleben.
Andererseits muß man auch bedenken, daß diese Deutung des Liebesgebotes Jesu durch Albert Schweitzer eben eine Interpretation darstellt, die wahrscheinlich selbst durch Schweitzers eigene Empfindungen geprägt ist.

In dieser Hinsicht wäre es wiederum zulässig anzunehmen, daß Schweitzer die Ethik Jesu in seinem persönlichen Sinn verstanden hatte und die Wesensähnlichkeit seiner Ethik mit der Ethik Jesu erst a posteriori feststellte (man unterschätze hierbei das Phänomen der selektiven Wahrnehmung nicht), was aber sowohl angesichts des Umstandes, daß er sprach: "Das Herz sagt: das Sittliche beruht in der Liebe" (siehe oben) als auch angesichts seines christlichen Hintergrundes nur wenig wahrscheinlich erscheint.

Vielmehr dürfte wohl die erste Vermutung , daß Albert Schweitzer seine Ethik einerseits als Erweiterung und intellektuelle Begründung des Liebesgebotes Jesu erachtete, und andererseits seinen Ansatz anhand der Geschichte der Ethik entwickelte, zutreffender sein.
Natürlich wird Schweitzers tatsächliche Position zu Theologie und Philosophie nicht mehr restlos geklärt werden können. Es können lediglich Mutmaßungen aufgestellt werden, und wahrscheinlich ändern sich auch bisweilen die Einstellungen und Wertmaßstäbe eines Menschen während seines Lebens.
Zumindest aber scheint es möglich und auch zulässig, Schweitzer religiös zu interpretieren, genau so, wie es möglich und zulässig scheint, überhaupt keine Bezugspunkte zur Religion zu sehen, besonders, wenn man sie nicht sehen will. Damit ist die Schweitzersche Ethik aber imstande, sowohl den gläubigsten Christen als auch den Atheisten anzusprechen.
Daß diese Arbeit sich allerdings auf die philosophischen Aspekte

des Gesamtwerkes Albert Schweitzers konzentriert, sollte augenfällig sein.

4.7 Warum ethisch werden?

Gemäß Schweitzer führt uns elementares Denken zunächst von der unbefangenen zur vertieften Welt- und Lebensbejahung, insofern wir im Denken verbleiben.

Die zweite Leistung, die Schweitzer vom Denken verlangt, ist, uns von ethischen Regungen zu einer denknotwendigen Ethik gelangen zu lassen.

Warum aber sollte es das tun?
Schweitzer kennt dafür zumindest drei gute Motive:

Zum ersten hängt kulturelle Entwicklung gemäß Schweitzer hauptsächlich von der vorherrschenden Welt- und Lebensanschauung der Menschen des jeweiligen Kulturkreises ab.

"Wie die welt- und lebensbejahende, das heißt optimistische Weltanschauung allein fähig ist, den Menschen zu auf Kultur gerichtetem Wirken anzuregen, so wohnt der ethischen allein die Kraft inne, den Menschen unter Zurückstellung und Aufgabe egoistischer Interessen in solchem Wirken beharren zu lassen und ihn jederzeit in der Orientierung auf die geistige und sittliche Vollendung des Individuums, als dem wesentlichen Ziele der Kultur, zu erhalten." (GW2, S 125)

Kultureller Fortschritt besteht in den Augen Schweitzers in allem, was der geistigen Vollendung und den materiellen Lebensbedingungen der Individuen der Gesellschaft förderlich zu sein vermag. (vgl. GW2, S 46)
Die Gesellschaft besteht also zum Zwecke der in jeder Hinsicht

verbesserten Möglichkeiten der Individuen der Gesellschaft und nicht zum Selbstzweck.
Der Ursprung des kulturellen Fortschrittes aber liegt in den Individuen der Gesellschaft selbst und nicht in der Struktur der Gesellschaft, wodurch ersichtlich wird, daß kultureller Fortschritt in diesem Sinne zu einem großen Teil von der Lebendigkeit ethischer Wahrheiten in den Herzen der einzelnen Menschen abhängt.

Zum zweiten geht Schweitzer davon aus, daß ein Wirken auf die Erscheinung eines Dinges auch auf die der Erscheinung zugrundeliegende Kraft zu wirken vemag. (vgl. GW2, S 354)
Dieser Grund stellt für Schweitzer eine in intellektueller Weise nicht weiter begründbare Prämisse dar, die somit in philosophischer Hinsicht lediglich als bloß spekulative Motivationsförderung zum Streben nach dem ethischen Weg erachtet werden kann.

"Ohne ein solches durch die Erscheinungen hindurch stattfindendes Wirken von Willen zum Leben auf Willen zum Leben kommt sie (die Ethik) sich als gegenstandslos vor." (GW2, S 354)

Konsequenterweise geht Schweitzer auf diesen Aspekt nicht weiter ein, er würde andernfalls selbst "unelementar" denken.
Man darf allerdings nicht übersehen, daß Schweitzer die Aussage, das ein Wirken auf eine Erscheinung auch auf die der Erscheinung zugrundeliegenden Kräfte wirkt, mit der allergrößten Selbstverständlichkeit tätigt. Er zumindest, auch wenn er nicht begründen kann, warum, ist sich dieses Umstandes vollkommen sicher.

Und zum dritten beschert laut Schweitzer das aufrichtige Streben nach dem wahren Verhältnis zum Sein, welches sich in dieser Welt konkretisieren muß, dem jeweiligen Menschen als Nebeneffekt auch die höchst sympathische Empfindung des "tiefsten Glücks, dessen er teilhaftig werden kann."

"Als tätiges Wesen kommt er (der Mensch) in ein geistiges Verhältnis zur Welt dadurch, daß er sein Leben nicht für sich lebt, sondern sich mit allem Leben, das in seinen Bereich kommt, eins weiß, dessen Schicksale in sich erlebt, ihm, soviel er nur immer kann, Hilfe bringt und solche durch ihn vollbrachte Förderung und

Errettung von Leben als das tiefste Glück, dessen er teilhaftig werden kann, empfindet." (GW1, S 240)

Diese Aussage basiert freilich auf Schweitzers Annahme, daß des Menschen Möglichkeit, von ethischen Regungen zu einer aus dem Denken entsprungenen ethischen Gesinnung zu gelangen, diesem wohl nicht zufällig gegeben ist und die Existenz der Möglichkeit allein den Drang nach höchstmöglicher Verwirklichung derselben impliziert, da dieses Streben als Teil des menschlichen Strebens nach Selbstvervollkommnung angesehen werden kann und bekanntlich jeder Wille zum Leben den Drang in sich trägt, sich in höchstmöglicher Vollkommenheit zu verwirklichen. (vgl.GW2, S 346)

5. Kapitel: Zusammenfassung

Ohne Zweifel muß die Ausarbeitung des ethischen Ansatzes Albert Schweitzers bezüglich einiger nicht unwesentlicher Aspekte, im besonderen bezüglich ihrer Systematik, als durchaus mißverständlich und undurchsichtig bezeichnet werden.
Zudem vermag Schweitzers Teminologie hinsichtlich ihrer Begriffstreue nur in höchst mangelhaftem Ausmaße die Anforderungen, die von einer kritischen Leserschaft mit Fug und Recht an ein philosophisch relevantes Werk gestellt werden dürfen, zu erfüllen.

Allein: Die Problematik der Unmöglichkeit, Begriffe in eindeutiger und absoluter Weise abzugrenzen und zu verwenden, läßt sich in keiner Weise auf Albert Schweitzer allein beschränken, sondern betrifft unbedingt alle Philosophen.
Auch mag man aufgrund Schweitzers auffallend klaren und transparenten stilistischen Ausdruckes und aufgrund seines Bemühens, sich auch jenseits der Welt der akademischen Wissenschaft der Philosophie verständlich zu machen, versucht sein, sich über das wahre Ausmaß seiner philosophischen Tiefe zu irren.

Andererseits erhöht gerade Schweitzers unverwechselbarer Stil den Reiz seiner Schriften.
Zudem stößt man bei konsequenter analytischer Ausleuchtung seiner bisweilen bloß schemenhaft angedeuteten Vorstellungen auf einen stringenten Ansatz von bemerkenswerter philosophischer Relevanz, der wohl die besondere Aufmerksamkeit der wissenschaftlichen Philosophie verdient.
Jenseits der Anforderungen der akademischen Philosophie entpuppt sich Schweitzers "Kulturphilosophie" bei genauerer Betrachtung durch Herz und Verstand als warmherzig-weises und in sich widerspruchsfreies Erklärungsmodell einer ethischen Gesinnung, die im Herzen eines jeden Menschen erkannt werden und sich zur Weltanschauung erheben möge, um einerseits die Daseinsbedingungen der Menschen in dieser Welt zu verbessern, aber andererseits auch, um dem Streben jeglichen Lebens nach Verwirklichung seiner selbst in höchstmöglicher Vollkommenheit, gerecht zu werden.

Anhang: Die Kritik an der Ethik Schweitzers in der wissenschaftlichen Diskussion

Die wissenschaftliche Diskussion um die Ethik Schweitzers ist bis heute durch zwei wesentliche Merkmale gekennzeichnet: Erstens durch das Klischee der glorifizierenden Beurteilung seiner Person selbst als großherziger Märtyrer, und zweitens durch den Umstand, daß man ihm weder seinen bewußten Bruch mit den philosophischen termini technici, noch seine bisweilen mangelhafte Systematik der Beweisführung nachsieht.
Und so wird auf der einen Seite der ethische Mensch Albert Schweitzer verherrlicht, während sich auf der anderen Seite die intellektuelle Kritik über Stukkaturfehler mokiert, ohne den ernsthaften Versuch zu machen, die grundsätzliche Stimmigkeit des ethischen Werkes Schweitzers zu begreifen.

Erst in jüngster Zeit gibt es Versuche, mangelhaftes Stückwerk auszubessern und zu vervollständigen, anstatt dieses zum willkommenen Anlaß zu nehmen, die Konzeption Schweitzers als moraltheoretisch irrelevant darzustellen.
In diesem Zusammenhang sei das Buch "Albert Schweitzer heute-Beiträge zur Albert Schweitzer Forschung", 1990, Herausgeber Claus Günzler, positiv erwähnt.

Die bisherige Kritik an der Ethik Schweitzers bezieht sich im wesentlichen auf wenige zentrale Thematiken.
Diese werden nun in wenigen Worten skizziert und besprochen:

a) Schuld

Schweitzer bezeichnet alles Vernichten und Schädigen von Leben als Schuldbehaftet.
Es ist verständlich, daß die Kritiker Schweitzers diese theoretische Verabsolutierung des Lebens als praktisch unhaltbar erachten, denn alles Leben muß Leben vernichten, um zu überleben.
Schuld für zwangsläufig Notwendiges kann es daher nicht geben, so der Vorwurf. (vgl. H. Groos: "Albert Schweitzer", S 538)
H.J. Werner meint, daß in diesem Fall die Naturphilosophie nicht zur Ethik gereichen kann. (vgl. H.J. Werner: "Eins mit der Natur", S 83)
Weil "ethisch setzt Schuld Freiheit und damit Zurechenbarkeit voraus, so daß hier eine andere begriffliche Bestimmung des Gemeinten sicherlich überzeugender wäre." (C. Günzler in "Albert Schweitzer heute", S 97)

Das letzte Zitat kann als angemessen gewertet werden, zumal Schweitzer die Notwendigkeit, daß Leben nur auf Kosten anderen Lebens überleben kann, als mit der Ethik vereinbar anerkennt.
Da aber Schweitzer zwischen einer "notwendigen Notwendigkeit" zu töten und einer "uneigentlichen Notwendigkeit" zu töten differenziert (siehe GW2, S 396), wobei die "notwendige Notwendigkeit" inhaltlich mit dem, was in der Fachterminologie "ontologische" oder "tragische Schuld" genannt wird, ident ist, darf man den Vorwurf, daß Schweitzer seinen Schuldbegriff nicht ausreichend geklärt hätte, zurückweisen.

Auch hat Schweitzer wohl recht daran getan, in allen Fällen des Tötens und Schädigens von Leben von "Schuld" zu sprechen, denn es muß unmöglich sein, eine allgemeingültige und absolute Grenze zwischen "ontologischer Schuld" und "Schuld im eigentlichen Sinne" zu ziehen. Diese Grenze kann nur stets von Neuem ausgefochten werden, sie variiert mit den Situationsumständen und ist letztlich an das enthusiastische Wollen des handelnden Subjekts gebunden.

Groos wendet noch ein, daß Schweitzer durch seine Überbetonung der Schuld im Grunde genommen nur den Menschen als ethisch

bezeichnen kann, der die Qual eines ständigen schlechten Gewissens mit sich herumschleppe.
Doch es besteht ein wesentlicher Unterschied zwischen "ethischer Aufmerksamkeit" und einem schlechten Gewissen.
Gemäß Schweitzer wird derjenige ethisch sein, der im Bewußtsein der unvermeidlichen Schuld handelt, nicht aber der, der es vorzieht, sich nach der unvermeidlichen Tat im Selbstmitleid des eigenen schlechten Gewissens zu gefallen.

Angesichts der Vielzahl von Schuld, postuliert Mesner als einzige folgerichtige Handlungsweise das Einstellen aller Handlungen, was schließlich zum Selbstmord führen müßte, wodurch man sich aber wieder schuldig gemacht hätte. Laut Mesner führe sich dadurch die Ethik der Ehrfurcht vor dem Leben ad absurdum. (vgl. Groos, S 528) Doch da es im Grunde die Dynamik des Willens zum Leben selbst ist, die Schweitzer als moralisch wertvoll erachtet, bezeichnet er jede Form des passiven Verharrens, so auch den Selbstmord, in dieser Welt als "erschlichene Schuldlosigkeit", weil diese Verhaltensweisen zum Willen zum Leben, der sich ausleben und in höchstmöglicher Vollkommenheit verwirklichen will, in Widerspruch stünden und daher in höchstem Maße unethisch wären. (vgl. GW2, S 347)

b) Wertigkeit

Groos wirft Schweitzer vor, daß er jede Wertung von Leben definitiv ablehne.
Groos selbst ist überzeugt, daß die gesamte Natur offensichtlich so eingerichtet ist, daß das niedrige Leben im Durchschnitt dem höheren dienen muß. (vgl. Groos, S 522, S 532ff)

Er schreibt. "Es ist in der Tat einer der schwersten Fehler Schweitzers, daß er sich dieser Einsicht so hartnäckig widersetzt hat." (Groos, S 532)

Als dramatische Folge dieses Fehlers hat Groos, aufgrund der mangelnden "Achtung vor den großen Lebensformen" die Schreckensvision des Aufkommens des "Einheitsmenschen" vor Augen.

Mesner und Reiner fordern deshalb die Weiterentwicklung der Schweitzer'schen Ethik zur Wertethik, um diese Problematik in angemessener Weise in den Griff zu bekommen. (vgl.Groos, S 533)

Nivelliert Schweitzer aber tatsächlich jegliche Form von Leben?
Dann müßte er konsequenterweise das Leben einer Ameise als gleich wertvoll einstufen, wie das Leben eines Menschen.
Aber Schweitzer sieht nur im Menschen das Vermögen, sich über den natürlichen Weltverlauf geistig zu erheben, wodurch ersichtlich wird, daß seinem Denken sehr wohl Wertdifferenzierungen zwischen Mensch und Tier zugrundeliegt.
Ist nun aber das Leben einer Gelse und das eines Leoparden gleich wertvoll?
Nein, muß man im Sinne Schweitzers antworten, denn sehr wohl unterscheidet er zwischen höheren und niedrigeren Entwicklungsstufen des Lebens.
Allerdings handelt es sich hierbei im Grunde um keine Wertfrage, weil man Werte bloß an evolutionären Kriterien festmachen kann.
Der ethische Wert von Leben hängt nicht von der Entwicklungsstufe desselben ab.
Ethik übersteigt evolutionäre Notwendigkeit. In der mystischen Unerklärlichkeit des Willens zum Leben selbst liegt der ethische Wert des Lebewesens.

Eine Unterscheidung Kants macht die Differenz plastisch (wenngleich auch Kant diesen Unterschied an die Moralität gebunden hat): "...was dagegen über allen Preis erhaben ist, [...] das hat eine Würde." (GzMdS, S 68)

So wird es einem Menschen im Allgemeinen wohl leichter fallen, ein paar Erdäpfel zum Zwecke des Verzehres zu töten, als beispielsweise einen Schimpansen.
Wenn wir aber beide Arten von Leben als divine Phänomene an sich betrachten, bleibt uns in jedem Fall nur ehrfürchtiges Staunen

über das Wunder des Lebens.
Deshalb muß es dem Menschen auch in rein pragmatischer Beobachtung des natürlichen Geschehens unmöglich bleiben, mittels allgemeingültiger Kriterien über Wert und Unwert verschiedener Lebensformen zu entscheiden, denn woher wollen wir über den Sinn des Weltgeschehens Bescheid wissen?, wie können wir uns in ethischer Hinsicht anmaßen, über Leben zu urteilen, das genauso rätselhaften Ursprungs ist, wie unser eigenes Leben?
Um zu überleben werden wir immer wieder gezwungen sein, über Leben und Tod zu entscheiden. Möge diese Entscheidung in jedem einzelnen Falle dem gewissenhaften und ehrfürchtigen Ringen um ethische Angemessenheit entspringen.

c) Mystik

Schweitzer empfindet es als Verkürzung, daß alles mystische Einheitsstreben mit dem Absoluten seit jeher ausschließlich als rein geistige und völlig immaterielle Angelegenheit erachtet wurde.
Mystik bezog sich also ausschließlich auf die Abstraktion des Seins.
"Die Wirklichkeit aber weiß nichts davon, daß das Individuum zu der Totalität des Seins in ein Verhältnis treten könne. Wie sie nur das in Einzelwesen in Erscheinung tretende Sein kennt, so auch nur Beziehungen eines Einzelwesens zum anderen Einzelwesen."
(GW2, S 372)
Somit müsse sich Mystik auf den Bereich der Wirklichkeit ausdehnen, um wahr zu werden.
Die Kritiker Schweitzers werfen ihm nun vor, daß sein Begriff von Mystik mit Mystik in traditioneller Hinsicht wenig gemein hätte. (vgl. Werner, S 94)

Ludwig Watzal spricht von einer Denkmystik, die sich mit dem Gefühl verbindet. (vgl L. Watzal: "Ethik- Kultur- Entwicklung", S 59)
Gemäß Groos vermische Schweitzer Euphorie mit Intellektualität, weshalb jede "richtige" Mystik zugunsten der Ethik geopfert würde. (vgl.Groos, S 700)

Der Vorwurf liegt also einerseits in der subjektiven Willkür aller Emotionalität, die dem absoluten Charakter der "klassischen Mystik" nicht gerecht werden kann, andererseits in der Relativität aller erscheinenden Wirklichkeit.
Einzig Claus Günzler scheint die Differenzierung Schweitzers zwischen "ethischer Mystik" und "geistiger Mystik" zu berücksichtigen. Ihm zufolge hätte eine mystisch vertiefte Ethik, sofern sie Ethik bleiben will, "dem tätigen Einswerden mit dem unendlichen Sein zu dienen." (C.Günzler, S 32)

Doch auch er übersieht, daß Mystik nur dann vollständig sein kann, wenn sie alle Ethik und alle Geistigkeit in sich vereinigt, denn wie absolut könnte ein Absolutes sein, wenn man den gesamten Bereich der empirisch wahrnehmbaren Welt von ihm ausklammert, wohl im seltsamen Bemühen, das Absolute von der Befleckung durch die so unvollkommen anmutenden Vegänglichkeit alles erscheinenden Seins reinzuhalten!?

Man muß zu dem Schluß kommen: Gerade im Bereich der Mystik, der einen zentralen Angriffspunkt der Kritik an der Ethik Schweitzers darstellt, gerade in diesem Bereich offenbart Schweitzers Ansatz höchste und wertvollste Wahrheit, die den entscheidenden Anstoß geben könnte zu einer Vertiefung und Belebung des ethischen Bewußtseins der Menschen auf dieser Welt.

d) Überforderung

Gemäß Groos muß eine "ins Grenzenlose gesteigerte Verantwortung gegen alles, was lebt", jeden Menschen hoffnungslos überfordern.
Außerdem betone Schweitzer den Aspekt der Hingabe so sehr, daß dabei die Selbstvervollkommnung auf der Strecke bleiben muß. (vgl. Groos, S 539)
Durch die Pflicht zur Verantwortung gegen alles was lebt kommt für

Groos das "Ich" des handelnden Individuums zu kurz.
Diese Form der Ethik wäre überhaupt nur für den extrem sozialen Typus überlegenswert.
Spranger schreibt in Folge: "Der Ästhet wird sich mit Recht weigern, diese Teilnahme [an anderem Leben] als Verantwortung zu empfinden und sich als Pflicht auferlegen lassen." (vgl.Groos, S 553)

Man bekommt den Eindruck, als wolle Groos die "ins Grenzenlose gesteigerte Verantwortung" mißverstehen. Der Mensch wird keine Verantwortung über ihm fremdes Leben übernehmen, wenn er diese Verantwortung nicht als einen Teil seines eigenen Wollens empfindet.
Im Zuge der Entwicklung zur ethischen Persönlichkeit wird auch die empfundene Verantwortung wachsen.
Und nur die wahrhaft erlebte Verantwortung kann im Sinne Schweitzers als ethische Verantwortung gelten.
Die Ethik Schweitzers ist keine Pflichtethik, sondern enthusiastische Individualethik.

Was den Vorwurf betrifft, die Schweitzer'sche Ethik bedeute in ihrer Verwirklichung die Selbstaufgabe des handelnden Subjekts, so bemerkt J. Meyer ganz richtig:
"Selbstformung und Hingabe stehen sich hier nicht als Gegensätze gegenüber. Indem ich mich dem Lebendigen ethisch zuwende, kehre ich mich in einem tiefen Sinn zu mir selbst..." (J.Meyer in "Albert Schweitzer: Sein Denken und sein Weg" Hrsg. H.W.Bähr, S 46)
Schweitzer selbst, man verzeihe die erneute Berufung auf folgendes Zitat, sagt:
"Ethik ist die auf die innerliche Vollendung seiner Persönlichkeit gerichtete Tätigkeit." (GW2,s85)

e) Unzulänglichkeit

Natürlich wurde Schweitzer von allen möglichen Seiten der schon berühmte "naturalistische Fehlschluß" vorgeworfen. Im gleichen Atemzug wird man die "pantheistischen Tendenzen" Schweitzers anführen können.
Es ist nun einsichtig, daß diese Vorwürfe nicht entkräftet werden können, handeln sie doch von metaphysischen Weltanschauungsfragen.

Dies ist aber nicht der einzige Grund, weshalb Schweitzers Ethik Unzulänglichkeit zugesprochen wird.
Gemäß Groos ist Albert Schweitzers Ethik nicht nur praktisch undurchführbar, da hoffnungslos überfordernd, sondern ist auch in ihrem Fundament, nämlich der Ehrfurcht vor dem Leben, unzulänglich, weil sich aus diesem Grundsatz keine gültigen ethischen Urteile ableiten lassen. (vgl. Groos, S 540)

"Als Ethiker, sieht man von jener prophetischen Seite einmal ab, kommt Albert Schweitzer jedenfalls rein wissenschaftlich keine überragende Stellung zu." (Groos, S 795)

Groos meint, wie bereits erwähnt, daß eine konsequente Ethik der Ehrfurcht vor dem Leben zur Selbsttötung durch Verhungern führen müßte. (Groos, S 528)
Auch Werner ist der Ansicht, daß die praktische Konsequenz der Durchführung der Ethik Schweitzers Untätigkeit sein müßte. (vgl. Werner, S 92f)
Erich Brock bläst in das gleiche Horn. Das "sofortige Verhungern" wäre das Resultat einer absoluten Ehrfurcht vor dem Leben.
Darauf antwortet Günzler:

"Daß Ehrfurcht vor dem Leben immer auch das eigene Leben betrifft und gerade der Konflikt zwischen Behauptung des eigenen Lebens und Förderung des fremden Lebens den Mittelpunkt der Schweitzerschen Philosophie ausmacht, übersieht Brock." (S 82)

Den Vorwurf aber, daß sich aus der Gesinnung der Ehrfurcht vor dem Leben keine gültigen ethischen Urteile ableiten lassen, muß

man sehr ernst nehmen, zumal es Schweitzer unterlassen hat, auf den Unterschied zwischen "Wert und Würde" explizit zu verweisen, weil der bloße Verdacht der "Gleichwertigkeit alles Lebens" die ethische Handlung lähmen könnte, wenn er dem ängstlich zweifelnden Individuum den Handlungsmaßstab raubte, so könnte man auf den ersten Blick meinen.
Doch die Anschuldigungen der praktischen Undurchführbarkeit und Unanwendbarkeit der Ethik Schweitzers, beruhen auf einem grundlegenden Mißverständnis all dieser Autoren, was die Schweitzer'sche Ethik betrifft.

Das Mißverständnis liegt in der Vorstellung, was unter "Ethik" zu verstehen sei.
Bei genauer Betrachtung wird ersichtlich, daß sich die grundsätzlichen Kritikpunkte an der Ethik Schweitzers darauf beziehen, daß die Ehrfurcht vor dem Leben niemals eine dogmatisch-normative Idee des Grundprinzips der Sittlichkeit darstellen könne.
Die Kritik an der Ethik Schweitzers fällt deshalb so verheerend aus, weil man versucht, sein Konzept als normative Sollensethik auszulegen.
Bei Helmut Groos wird das Mißverständnis in seiner krassesten Form deutlich:

Groos behauptet zum Beispiel, daß es nicht um eine Gleichung von "man selbst werden" und "gut werden" ginge, sondern um eine tiefe Spannung zwischen den beiden. (vgl. Groos, S 551)
Überhaupt spricht Groos sehr häufig von ethischer Pflicht, die zu erfüllen wäre.
"Freilich sträubt sich der Ästhet, wie wir wissen, nicht so sehr gegen das Helfen selbst als vielmehr hauptsächlich gegen das rigoros Zwingende, Allgemeingültige der Pflichtethik." (S 563)
Er sagt auch, daß sich Ehrfurcht, Sympathie oder Liebe nicht gebieten lassen. (vgl. S 579)
An anderer Stelle schreibt er:
"und Mücken und Fliegen vernichte ich im Zimmer, soviel ich kann. [...] Ich habe mir die Sache durchaus überlegt, mich ein für allemal für dieses Vorgehen entschieden und halte es für sittlich erlaubt." (S 521)

Nein! ist man versucht zu rufen, es geht bei Albert Schweitzer sehr wohl um eine Gleichung von "man selbst werden" und "gut werden", das "rigoros Zwingende, Allgemeingültige der Pflichtethik", das den Ästheten zur Hingabe zwingen soll entstammt sicherlich nicht der Ethik Schweitzers, und sich "ein für allemal" dafür zu entscheiden, daß es sittlich erlaubt ist, alle Fliegen und Mücken im Zimmer zu vernichten, entspricht ganz gewiß nicht den Vorstellungen Schweitzers von ethischer Aufmerksamkeit!

Im Sinne Schweitzers gibt es keine allgemeinverbindlichen und immergültigen Antworten auf ethische Fragen.
Die Wahrheit ist eine Farce, wenn sie nicht gelebt wird, sie wird zur ethischen Floskel.
Ethisch ist der Mensch, der um Ethik ringt, nicht der, der die Verantwortung über sein Tun auf dogmatische Weltanschauungskonstrukte abwälzt.

Es geht bei Schweitzer zuletzt auch nicht um den Konflikt zwischen Selbstbehauptung und Hingabe, wie Günzler meint, denn Selbstbehauptung und Hingabe sind so untrennbar miteinander verbunden, daß sie im Grunde eines sind.
(Obwohl die Aussage Günzlers sowohl in Bezug auf das subjektive Empfinden der Ich-bewußt handelnden Person als auch in Bezug auf das handelnde Subjekt als körperliches Lebewesen zumeist vollkommen berechtigt ist, denn in ethischer, und nicht bloß in naturalistischer Hinsicht, löst sich dieser Konflikt wieder auf.)

Man könnte meinen, daß Manfred Ecker der Sache am nächsten kommt, wenn er schreibt:

"Dieser Sinn kann also sowohl von der Evolution her als eines ihrer Ergebnisse verstanden werden, und zwar als ein unausbleibliches aufgrund der durch sie bedingten Determination des Menschen, als auch vom Menschen her als eigene Leistung aufgefaßt werden, weil er als Suchender determiniert ist und folglich die Suche selbst zu vollziehen hat." (M. Ecker in "Albert Schweitzer heute, S 73)
Und weiter:
"Der Mensch weiß, daß er die Evolutionsprinzipien [...] praktisch anerkennt..." (S 79)

Aber auch Ecker schwebt das Ideal einer normativen Pflichtethik vor, das er aus der geschilderten Differenz zwischen Evolutionskriterien und Sinnsuche des Menschen in allgemeingültigen Sollenssätzen ableiten will, und zwar deshalb, weil er das Denken des Menschen als höchstentwickelte Konsequenz der Evolutionsprinzipien auffaßt. ("denn auch eine Idee als solche ist mehr als nichts und muß deshalb dem Sein zugeordnet werden." (S 66)
Ecker liefert ein abgeschlossenes Weltanschauungsmodell, indem er die Sinnhaftigkeit des Lebens aus (erweiterter) evolutionärer Sicht postuliert, und zwar völlig zurecht. Schweitzer würde hierbei wohl vom Versuch sprechen, den Weltverlauf ethisch zu deuten. (Ecker unterstellt, daß Schweitzer das selbst auch getan, aber geleugnet hätte, obwohl es (im Sinne Eckers) der richtige Weg gewesen wäre.)
Einsichtig sollte jedenfalls sein, daß Ecker auf diese Weise nur "evolutionäre Vorethik" zu begründen imstande sein wird, wobei das Grundprinzip der hierbei gesuchten Pflichtethik "eben so lange keine allgemeine Geltung für sich beanspruchen [kann], wie die Verbundenheit des Menschen mit der Natur gerade dort, wo er sich über die Natur zu erheben glaubt, im Denken, nicht erwiesen ist." (S 81)

Doch Schweitzer hat keine Pflichtethik geschrieben, und obwohl das Grundprinzip der Ehrfurcht vor dem Leben absoluten Charakter aufweist, so hat es doch nichts mit der "Allgemeingültigkeit" zu tun, die die Menschen ihrer empirischen Betrachtung der Naturgesetzlichkeiten entnehmen.
Denn das Grundprinzip der Ehrfurcht vor dem Leben, das immer nur in enthusiastisch gelebter, wollender Gesinnung ein Grundprinzip darstellen kann, beruht auf der mystisch-irrationalen Unerklärlichkeit des Willens zum Leben, der sich in allem menschlichen, tierischen und pflanzlichen Leben auf dieser Welt manifestiert, und der offensichtlich weit mehr ist, als nur bloße Erscheinung.

Und da sich die Verwirklichung von "Leben" immer nur in reiner Aktualität bekunden kann, kann sich auch Ethik nur in reiner Aktualität verwirklichen, im wollenden Bewußtsein selbst, welches zwar immer das Sittengesetz anerkennen wird, weil es in dieser

Welt tätig ist, welches aber auch in höchstmöglicher Verwirklichung seiner selbst zu sich selbst kommen will, was nur in und durch wahre ethische Gesinnung bewerkstelligt werden kann.

Völlig richtig schreibt H.W. Bähr:
"Von dieser universellen Ethik zu handeln, ist nur möglich, wenn von der Tendenz zur Regelhaftigkeit abgesehen wird. Die Ethik dder Ehrfurcht ist eine Ethik der freien Verantwortung des einzelnen Menschen, ihr sittliches Grundprinzip verzweigt sich nicht in eine doktrinäre Schematik, es erschließt eine dynamisch wirkende Grundgesinnung über unser Verhältnis zur Natur, aus der die Wege des Verhaltens nur in ständigem, individuellem Ringen durch den Einzelnen von Fall zu Fall gebahnt werden können. Die ethische Antwort, die gefordert wird, ist fundamental eine Antwort des einzelnen Gewissens." (H.W. Bähr, s291)

Literaturverzeichnis

Primärliteratur

Albert Schweitzer: Gesammelte Werke; Herausgeber Rudolf Grabs, München 1974

Band 1:

- Aus meinem Leben und Denken
- Aus meiner Kindheit und Jugendzeit
- Briefe aus Lambarene

Band 2:

- Verfall und Wiederaufbau der Kultur
- Kultur und Ethik
- Die Weltanschauung der indischen Denker

Band 5:

- Aus Afrika
- Straßburger Predigten über die Ehrfurcht vor dem Leben
- Philosophie und Tierschutzbewegung
- Das Problem der Ethik in der Höherentwicklung des menschlichen Denkens
- Ansprache bei Entgegennahme des belgischen Joseph Lemaire Preises
- Humanität
- Die Entsstehung der Lehre der Ehrfurcht vor dem Leben und ihre Bedeutung für unsere Kultur

Albert Schweitzer: Was sollen wir tun? Heidelberg 1974

Albert Schweitzer: Das Christentum und die Weltreligionen, München 1984

Sekundärliteratur:

Rose Schur: Albert Schweitzers Ethik, Dissertation; Wien 1933

H.W. Bähr: Albert Schweitzer: Sein Denken und sein Weg, Tübingen 1962

Helmut Groos: Albert Schweitzer, München 1974

U. Neuenschwander: Albert Schweitzer (in:"Denker des Glaubens 1"; Gütersloh 1975)

Ludwig Watzal: Ethik-Kultur-Entwicklung, Zürich 1985

H.J. Werner: Eins mit der Natur, München 1986

Peter Ernst: Ehrfurcht vor dem Leben, Frankfurt am Main 1991

Claus Günzler (Hrsg.): Albert Schweitzer heute; 1990 Beiträge zur Albert Schweitzer Forschung (C.Günzler; U.Neuenschwandner; H.Lenk; M.Ecker;M.Teutsch;E.Grässer;H.W.Bähr u.a.)

Adrian E. Scheidegger

Heilige Kühe

Chaos-Theorie der Human-Evolution

Frankfurt/M., Berlin, Bern, New York, Paris, Wien, 1997. 212 S.
Europäische Hochschulschriften: Reihe 20, Philosophie. Bd. 538
ISBN 3-631-32073-6 · br. DM 65.–*

Die Human-Evolution als Teil der Natur und ihrer Entwicklung zu erfassen, ist das vorrangige Ziel dieses Buches. Als Naturwissenschaftler versucht der Autor die Menschheitsgeschichte frei von allen geisteswissenschaftlichen „Mystizismen" zu begreifen. Im Anschluß an Darwin, Toynbee und Koestler begründet Adrian Scheidegger die Auffassung, wonach die menschlichen Gemeinschaften den Regeln der Evolution komplexer, nichtlinearer Systeme unterworfen sind. Die geordneten Zustände existieren am Rande des Chaos auf seltsamen Attraktoren. Kleine Änderungen in den äußeren Parametern können zu sprunghaften Veränderungen führen. Mit Hilfe der modernen Chaos-Theorie wird ein Beitrag geleistet zum Verständnis der nicht abbrechenden Folge von Kriegen, Krisen und Greueltaten, die sich in der Geschichte immer wieder ereignen.

Aus dem Inhalt: Der menschliche Geist · Evolution komplexer Systeme · Menschliche Schizophrenie · Die Triebfedern des menschlichen Handelns · Geschichte: der Rote Faden · Das Phänomen „Staat" · Ethik · Wirtschaft · Erziehung

Frankfurt/M · Berlin · Bern · New York · Paris · Wien
Auslieferung: Verlag Peter Lang AG
Jupiterstr. 15, CH-3000 Bern 15
Telefax (004131) 9402131
*inklusive Mehrwertsteuer
Preisänderungen vorbehalten